计算机技术在教育教学中的应用探索

李灿辉 李 勇 施 薇 ◎ 著

吉林出版集团股份有限公司

版权所有　侵权必究

图书在版编目（CIP）数据

计算机技术在教育教学中的应用探索 / 李灿辉，李勇，施薇著. — 长春：吉林出版集团股份有限公司，2023.6

ISBN 978-7-5731-3535-3

Ⅰ．①计… Ⅱ．①李… ②李… ③施… Ⅲ．①计算机应用—教育事业—研究 Ⅳ．①G4-39

中国国家版本馆CIP数据核字（2023）第112016号

计算机技术在教育教学中的应用探索

JISUANJI JISHU ZAI JIAOYU JIAOXUE ZHONG DE YINGYONG TANSUO

著　　者	李灿辉　李　勇　施　薇
出版策划	崔文辉
责任编辑	赵晓星
封面设计	文　一
出　　版	吉林出版集团股份有限公司
	（长春市福祉大路5788号，邮政编码：130118）
发　　行	吉林出版集团译文图书经营有限公司
	（http://shop34896900.taobao.com）
电　　话	总编办：0431-81629909　营销部：0431-81629880/81629900
印　　刷	廊坊市广阳区九洲印刷厂
开　　本	710mm×1000mm　1/16
字　　数	241千字
印　　张	11.25
版　　次	2023年6月第1版
印　　次	2023年6月第1次印刷
书　　号	ISBN 978-7-5731-3535-3
定　　价	78.00元

如发现印装质量问题，影响阅读，请与印刷厂联系调换。电话15901289808

前　言

随着计算机技术和计算机网络技术的飞速发展，计算机已经渗透到人们学习、工作和生活的各个方面。在教育领域中，利用计算机和计算机网络改变传统的教学模式、深化教育改革、实施素质教育，已成为广大教育工作者的共识。有位教育专家说过："今天我们如果不生活在未来，那么未来我们将生活在过去。"可以说，计算机技术是 21 世纪教育工作者的一门必修课。

计算机科学规范应用作为现代高校教育改革发展过程的重中之重，是一项必不可缺的关键内容，直接关系着高校教育质量和效率，推动了各个教育环节顺利地开展，同时满足不同层次学生的计算机学习体验需求。因此，现代高校要结合自身发展情况和需求，合理引进应用计算机，优化改善高等教育内容与形式，全面提升高等教育水平。

本书对计算机在高等教育中的应用展开了分析与探讨，首先介绍了教育与教育学、传统教育与在线教育的关系的相关内容，然后详细地分析了高等教育改革及其信息化发展、高校教学系统的计算机信息化设计、移动网络课堂教学与现代教育系统改变、高校数字化智能校园的信息安全建设，最后对信息技术在高等教育教学实践中的应用做出了重要探讨。

本书在写作过程中，笔者参考和借鉴了国内外许多专家、学者的研究成果，在此表示最诚挚的谢意。由于笔者能力有限，时间仓促，书中不乏疏漏与不妥之处，望广大读者给予批评和指正。

目录

第一章 教育与教育学 1
第一节 教育与教育学 1
第二节 教育的目的 18
第三节 我国的教育目的 22

第二章 传统教育与在线教育的关系 28
第一节 互联网与传统教育 28
第二节 传统教育的延伸——在线教育 30
第三节 在线教育市场 33

第三章 高等教育改革及其信息化发展 40
第一节 教育信息化的内涵及实现方法 40
第二节 教育信息化与教育改革 48
第三节 教育信息化与高等教育发展 52

第四章 高校教学系统的计算机信息化设计 58
第一节 教学系统设计概述 58
第二节 计算机信息化教学设计 72
第三节 计算机教育设计 81
第四节 ASSURE 教学设计 85

第五章 移动网络课堂教学与现代教育系统改变 91
第一节 移动网络课堂教学与课堂教学制度的改变 91
第二节 移动网络课堂教学与教师的专业成长 99
第三节 翻转课堂与教育设施设备系统 101

第六章 高校数字化智能校园的信息安全建设 104
第一节 校园教学管理信息化的延伸与发展 104
第二节 机房智能化信息管理及应用 126
第三节 校园网双层入侵检测系统的建构 131
第四节 教学联合体网站的建设 136

第七章 信息技术在高等教育教学实践中的应用 141
第一节 网络资源在教学中的应用 141
第二节 视听觉媒体的特性与教学应用 147
第三节 教育效能工具、知识管理工具的应用 150
第四节 远程教育中的自主学习与学习支持 157
第五节 翻转课堂的特征、意义与实施 165

参考文献 172

第一章 教育与教育学

第一节 教育与教育学

一、教育

教育的内涵是教育中最根本、最核心的理论问题之一，我们要对教育进行认识、研究，理解教育的内涵是其根本。教育是人类社会特有的现象，教育自人类的出现而出现，随着人类社会的发展而发展，教育的内涵与外延都在不断变化发展，人们对教育的解释因所站角度、立场不同做出了许多不同的解释。

（一）教育的内涵

1. 众多的教育概念说

（1）对"教育"两字的历史解说

在我国，教育两字最早见于《孟子·尽心上》："得天下英才而教育之，三乐也。"实际上，在古代，人们很少把这两个字合成一个词使用。人们在论及教育问题时，大多使用的是教与学这两个单独的字。比如，春秋战国末期教育名篇《学记》称："教也者，长善而救其失者也。"东汉的许慎在其《说文解字》中说："教，上所施，下所效也。""育，养子使作善也。"

① "教"的解说：从词源上看，在我国最早的甲骨文中已有其象形字出现，此字是"教"字的小篆。此字左上为"爻"（卦），取自《易经》，此为"双五义"，意为天地，即代表《易经》等传统的人类文化经典；此甲骨文的左下方象形字意为儿童青少年，又有幼草之意，代表受教育者；右上方象形字意为教鞭，象征教育的权威与严肃；右下方的字形意为手，与上结合意为组织教学活动，代表施教者。古代的"教"字，被理解为施教者通过严格的教学而向受教者传授系统的人类文化经典。

② "育"的解说：甲骨文的"育"字也为"育"字的小篆，其上部字形之意为母体，即女性的身体，代表施教者；下部字体之意为逆子，代表受教育。"育"被理解为对学生（逆

子）的肉体、情感等的人格熏陶、品质感化。

③西方对"教育"的理解：在古希腊语中，"教育"一词与"教仆"有关，教仆是陪送奴隶主子弟上下学的奴隶的专门称呼。古希腊文化是西方文化三块基石中的第一块，其代表人有苏格拉底、柏拉图等先圣，正是这些先圣的思想影响了西方后来对教育的观念与见解。

现代英语、法语、德语中的"教育"分别为"education""éducation""erziehung"，均由拉丁语"educare"而来；"educare"由前缀"e"与词根"ducare"合成；拉丁语中的"e"意为"出"，"ducare"为"引"之意，二者合为"引出、导出"之意，引申意义指教育活动，即指引导青少年儿童固有的能力得到发展。基于此，西方的教育就往往被理解为，智慧的种子早在人的灵魂之中，教育就是把存在于灵魂、心灵中的智育回忆、引导出来以完善人的一种活动。

从我国古代对教育的理解和西方对教育理解的不同可以看出，我国跟西方在具体的教育活动中所采用的方式、方法以及所持的教育观等存在一些差别。

（2）众多的教育概念

古今中外的教育家、思想家由于他们各自的立场、教育价值的角度、所处的时代、对教育的理解认识以及侧重点等方面的不同，给教育所下的定义也不同。

①我国有代表性的教育定义主要有：

其一，《中国大百科全书·教育》（1985）：从广义上说，凡是增进人们的知识和技能、影响人们的思想品德的活动，都是教育；狭义的教育主要指学校教育，是教育者根据一定社会（或阶级）的要求，有目的、有计划、有组织地对受教育者的身心施加影响，把他们培养成为一定社会（或阶级）所需要的人的活动；教育这个词有时还作为思想品德教育的同义语使用。

其二，《中庸》："天命之谓性，率性之谓道，修道之谓教。"

其三，梁启超："教育是什么？教育是教人学做人——学做'现代的'人。"陶行知："生活即教育。"杨贤江："教育是帮助人社会生活的一种手段。"孙喜亭："教育是对人的发展的价值限定。"

②西方有代表性的教育定义主要有：

其一，柏拉图认为："教育是为了以后的生活所进行的训练，它能使人变善，从而高尚地行动。""教育乃是心灵的转向。"

其二，夸美纽斯认为："教育是生活的预备，能在成年以前完成。"

其三，福禄贝尔认为："人的教育就是激发和教导作为一种自我觉醒中的、具有思想和理智的生物的人有意识地和自觉地、完美无缺地表现内在的法则，即上帝精神，并指明达到这一目的的途径和手段。""教育的目的是表现忠于天职的、纯洁的、完美无缺的，因而也是神圣的生活。"

其四，裴斯泰洛齐认为："人的全部教育就是促进自然天性遵循它固有的方式发展的艺术。""教育意味着完整的人的发展。"

其五，斯宾塞认为："教育即为人的完满生活做准备。"

其六，杜威认为："教育即生活""教育即生长""教育即经验的改造"。

以上种种关于教育的定义从不同方面、不同角度揭示了教育的某些本质属性，对于我们认识、理解、学习、研究教育非常有价值，但是这些定义或多或少也都存在某些缺陷与不足。

（3）教育的本质

综合古今中外种种关于教育定义的认识，我们把教育定义为：在一定的社会条件下，教育者按照一定社会或一定阶级的要求，运用某种教育影响、教育手段，对受教育者施加影响，促进受教育者个体社会化和社会个性化的一种培养人的社会实践活动。此定义抓住了教育内部的主要矛盾，教育内部的主要矛盾是受教育者现有的文化水平与社会要求受教育者的文化水平之间的差距，也就是说，人类自身欠成熟与社会要求已成熟的矛盾。

2. 教育的属性

教育的属性是在教育本质基础上对"什么是教育"的进一步认识，是对教育本质是什么的进一步阐述。纵观整个教育的发展历史我们可以看出，任何社会形态的教育、任何时代的教育、任何国家制度下的教育，包括正规教育和非正规教育等，虽然它们在其发展过程中呈现出了各种不同的特点，但是也存在着共同点，即在本质属性上都是相同的。另外，教育是一种复杂的社会现象，它同时有多种属性，大致如下。

（1）教育的永恒性

教育的永恒性是从教育的社会职能和教育的社会存在价值方面来说的，指只要人类社会存在，教育就会永远存在，只不过随着社会的发展，在不同的人类社会发展时期，教育会表现出不同的具体形态结构，有不同的教育内容、方法、手段等，无论是高级的还是低级的人类社会都不能没有教育。教育有其传递的属性，如果社会没有了教育这个传递经验的工具和活动，那么社会就不会发展，也就停滞了。从这个意义上说，教育是社会普遍、永恒存在的，教育具有永恒性。

（2）教育的生产性

教育的生产性是指教育也是一种生产性活动，与其他生产性活动不同的是，它只不过是关于人类智能和人类文化的再生产。这主要表现在两个方面：第一，教育把人类智能内化为受教育者的智能，使受教育者由生物实体转化为社会实体，成为社会所期望的社会成员；第二，教育在教育的过程中传递、传播、发展、交流与整合文化，实现人类文化的再生产，使得人类与动物的文化区别能够保持和延续下去。另外，教育活动在教育的生产劳动过程中，有社会教育投入、教育生产过程、教育劳动过程等呈现，这是一个完整的生产过程。

（3）教育的历史性

教育的历史性是指在人类社会的历史长河中，虽然每个社会都需要教育，也都存在着教育，但是教育总是发生在具体的历史时期，每一段历史时期的教育都有不同的特点，它是与当时的人类社会的不同特点相适应的。简单来说，也就是教育随着人类社会的发展而发展，每一时期的教育都有其历史性的特征。例如，原始社会的教育以其口耳相传、生产生活中模仿、教育平等为其基本特征，而进入奴隶社会以后，教育就具有阶级性等特征。

（4）教育的继承性

教育的继承性是指不同历史时期的教育都存在后一历史时期教育对前一时期教育的继承与发展。教育的这种历史继承性表现在以下几个方面：①教育思想方面，如西方自然主义教育思潮源于亚里士多德，发展于卢梭等人，在杜威那里达到顶峰，而直到现在，自然主义思想仍然深深影响着教育；②教育制度方面，中国的考试制度，发源于先秦，隋唐时期发展为科举制，其考试的合理性至今为教育继承；③教学方面，中国孔子最早提倡启发式教学，直到今天一直受到推崇。可见，任何时期的教育都是对过去教育的继承和发展。

（5）教育的相对独立性

教育的相对独立性是指：一方面，教育自身与当时特定的社会政治、经济、文化等有相互制约的关系；另一方面，教育也有其自身的规律性，如教育内容、教育方法、教育手段、教学过程等方面具有强大的独立性，此即为教育的相对独立性。另外，教育的相对独立性还表现在特定的教育形态不一定与当时的社会政治、经济、文化以及社会其他方面保持一致，而存在着教育超前或滞后的现象。

（6）教育的长期性

教育的长期性是指一个教育活动的完成，或是一个个体教育成长的过程，时间跨度比较长，俗话说"十年树木，百年树人"即是这个意思。教育学生不是一天两天就能完成的，而是需要有长远心来教他们怎样做好人，怎样把人格的基础立好。

（7）教育的民族性

教育的民族性是指任何教育都是在具体的民族或国家中进行的，无论在思想上、制度上，还是在内容上或方法手段上都有其民族性特征。特别表现在运用本民族语言进行教学、传授本民族生产生活方式、传授本民族的文化心理等。因此，不同民族的教育具有自己的民族特点。

（二）教育的要素

1.教育者

凡是在教育活动中承担教的责任（包括直接承担者和间接承担者）和施加教育影响的人都是教育者。

从广义教育来说，教育者包括各级教育管理人员、专职和兼职教师、校外教育机构的工作人员、家长等，甚至在有明确目的、独立进行的教学活动中，受教育者自己教育自己，也承担着部分教育者的任务。从学校教育看，教育者主要是指具有一定资格的专职教师和相对固定的兼职教师。教育者主要研究教育目的、内容、方法、过程和组织形式，在教育活动中，他们处于领导、控制和执教的地位。

2. 受教育者

凡是在教育活动中承担学习责任和接受教育的人都是受教育者。受教育者处于被领导、被控制和受教的地位。在学校教育中，受教育者是获得入学资格的相对固定的对象，即学生，同时也包括各种形式成人教育中的学习者。受教育者是教育的对象及学习的主体。从法律角度看，受教育者是教育活动中的自然人，他们与教育者是平等的。受教育者在接受思想、品德、知识、技能、行为及智慧、性格等方面的影响时，具有主观能动性。

3. 教育媒介

教育媒介是架构于教育者和受教育者之间起桥梁或沟通作用的一切事物的总和，包括教育内容、教育方法与组织形式或教育手段等。教育媒介是教育活动的中介。从内容上说，教育媒介主要就是教育内容、教育材料或教科书；从形式上说，教育媒介主要是教育手段、教育方法和教育组织形式。

教育的三个构成要素之间既相互独立又密切联系，共同构成一个完整的实践系统。其中，教育者是主导性因素，它是教育活动的组织者和领导者，掌握着教育目的，采用适当的教育内容和手段，创设必要的教育环境，调控着受教育者和整个教育过程，从而促进受教育者的身心发展，达到预期目的。没有教育者，教育活动就不能开展，学习者也不可能得到有效指导；没有受教育者，教育活动就失去对象；没有教育媒介，教育活动就无法实现。因此，教育是上述三个基本要素的有机结合。

教育活动中教育者、受教育者与教育内容三个基本要素之间构成教育中三对最为基本的矛盾：受教育者与教育内容的矛盾，受教育者与教育者的矛盾，教育者与教育内容的矛盾。教育的诸多矛盾中，受教育者与教育内容这对矛盾是教育中基本的、决定性的矛盾。

（三）教育的起源

教育的起源问题也是教育学中的一个基本的理论问题。弄清楚教育的起源问题，以及后面我们谈论教育的发展问题有助于我们对教育有一个宏观的纵向把握，从而使我们更好地把握教育的本质规律，使教育更好地为我们服务。古今中外，研究教育起源的教育学者比比皆是，在此研究中也形成了众多关于教育起源的认识观点，归纳起来，主要有：神话起源论、生物起源论、心理起源论、劳动起源论。下面我们分别简要论述。

1. 教育的神话起源论

这是关于教育起源问题的最古老的观点，几乎所有宗教都持这一观点。此观点认为，教育与其他世界上的万事万物一样，都是由人格化的神所创造的，教育的目的就是体现神或天的意志，使人皈依于神或顺从于天。当然这种观点是错误的、非科学的。出现此观点是因为当时生产力、科学水平非常低下，人们对自然、对自身、对周围所遇到的事物的认识水平非常有限，对这些问题不能给出一个科学的认识，就只能用神话传说来解释，如我国的盘古开天、女娲补天，西方的上帝创世、诺亚方舟济人等神话故事。人们在解释教育起源时，也就用神话来解释其起源，即教育的神话起源论。

2. 教育的生物起源论

该理论的代表人物主要是法国社会学家、哲学家利托尔诺（1831—1902）和英国教育学家托马斯·沛西·能（1870—1944）。

利托尔诺在他所著的《动物界的教育》一书中认为，教育是一种生物现象，教育起源于一般的生物活动。另外，他在《各人种的教育演化》一书中认为，教育是一种在人类社会范围以外，远在人类出现之前就已产生的现象。他说："动物尤其是略为高等的动物，完全同人一样，生来就有一种由遗传而得到的潜在教育。"他通过对各种动物的生活观察，认为在动物世界里存在着如大猫教小猫捕鼠、大鸭教小鸭游水、母熊教幼熊行走等之类的教育。他还认为，教育不仅存在于脊椎动物里，还存在于无脊椎动物里。他说："人类教育的进行与动物的教育差别不大，在低等人种中进行的教育，与许多动物对其孩子进行的教育甚至相差无几。"他认为，无论是动物的教育，还是人的教育，基础都是生存竞争和天性本能；在他看来，人与动物一样，都是为了保存、延续其种类，通过遗传所获得的本能，将"知识、技能、技巧"传授给下一代。所以他认为，在本质上，人类的教育与动物的教育并没有不同，人类的教育只不过是在后来人类社会中的不断改变和演进，获得某些新的特质而已。

1923年托马斯·沛西·能在不列颠协会教育科学组大会上说道："教育从它的起源来说，是一个生物学的过程，不仅一切人类社会有教育，不管这个社会如何原始，甚至在高等动物中也有低级形式的教育。我之所以把教育称为生物学的过程，意思就是说，教育是与种族需要、种族生活相应的、天生的，而不是获得的表现形式；教育既无须周密的考虑使它产生，也无须科学予以指导，它是扎根于本能的不可避免的行为。"

生物起源论是教育学史上第一个正式提出的有关教育起源的理论，看到了人类教育与动物界本能的养育活动有相似性，否定了教育的神话起源论，这是值得肯定的。但是，它把人类所特有的教育过程与动物界动物为适应环境求得生存而进行的本能性活动相等同，这是错误的。它没有把握人类教育的目的性、有意识性和社会性，否认了人与动物的本质区别，所以我们说教育的生物起源论是不科学的。

3. 教育的心理起源论

教育的心理起源论的代表人物是美国著名教育史专家保罗·孟禄（1869—1947）。他不赞成教育的生物起源论之说，他认为教育起源于生物本能的观点忽视了人的心理与动物的心理的本质区别，他从心理学的观点来解释其起源问题，认为教育起源于儿童对成人无意识的模仿。孟禄对原始教育做了系统深入的研究，发现在原始社会中没有系统的知识和社会生活经验，也没有一定的教科书之类，更不可能采用一定的教学形式和方法进行教育。据此，他断定原始人教育过程仅仅是儿童凭借着对成人的观察模仿，从而习得各种生活知识和技能。他在其所著的《教育史教科》一书中写道："原始社会的教育普遍采用的方法是简单的无意识的模仿。"

此理论以心理学为基础，把教育起源从动物界引向人类社会，有其进步的一面，但是作为一种心理现象和一种学习方式，模仿仅仅是学习的一种途径，把它作为教育起源是不对的。我们说教育是一种有意识、有目的的活动，它把无意识的模仿作为教育的起源，不仅否认了教育的目的性和意识性，也否认了教育的社会性，因而此观点也不能准确地说明教育的起源问题。

4. 教育的劳动起源论

教育的劳动起源论观点是根据马克思主义历史唯物主义理论的指导而提出的。首先，该观点以恩格斯的《家庭、私有制和国家的起源》《劳动在从猿到人转变过程中的作用》等为依据，认为从猿到人的转变的根本原因是劳动，即是说劳动创造了人，而有了人类社会，有了人类社会就有了教育，因而劳动必然成为教育产生的最初原因。其次，人类的社会活动开始于劳动，而劳动实践是人们认识客观世界的主要源泉，也即知识的主要来源，是教育的主要内容，从这个意义上说也是教育最主要的本源，从而教育最主要也是起源于劳动。最后，劳动创造了人类，由于劳动，才有了人类的身体结构和大脑、人类的意识和语言以及人类灵活的双手等，这些都是教育产生最重要、必要的条件，没有这些条件，教育是不可能产生的。基于此，他们认为教育起源于劳动。

教育的劳动起源论观点，首先是由苏联教育学者提出来的，从20世纪30年代以来，几乎所有的苏联教育学者都持这一观点。在20世纪50年代初，此理论被介绍到我国，并且到20世纪90年代，40多年来我国教育界对此无任何异议，也一直认为教育起源于劳动。但实际上，从20世纪50年代开始至今，关于教育的劳动起源论有很大的争议。人们认为劳动创造了人本身，但并不能说劳动创造了教育，虽然教育随着人类的出现而出现，随着人类社会的发展而发展，但是教育与人类本身有不同的领域、不同的性质特点等，它们并不是等同的，所以不能从劳动创造了人本身就推导出劳动创造了教育。另外，虽然人类的身体结构、人类的大脑、人类的意识及人类的语言等这些构成教育的必要条件是由人类在劳动过程中逐渐发展而来的，但是也不能说劳动就是教育的起源，它们只是产生教育的重要条件而已。所以，教育的劳动起源论也不能很好地说明教育的起源问题。

无论是教育的神话起源论、生物起源论、心理起源论，还是教育的劳动起源论，都有各自的缺陷,都没能很好地、科学地解释教育的真正起源。神话起源论是因为人类以前的认识水平相当低下,用神话故事来解释其起源问题,显然是不对的。生物起源论没有看到人类与动物的区别,没有看到教育是人类社会特有的现象,也是不科学的。心理起源论较之生物起源论有进步,把人与动物区别开来,但是心理起源论把人类无意识的模仿作为教育的起源,忽视了教育的有意识性,否认了教育的社会性、实践性,只看到了教育的心理因素,显然也不能解释教育的起源问题。劳动起源论有很多值得肯定的地方,但把构成教育的必要条件作为教育的起源也是不对的。

(四)教育的发展历史

教育自产生至今,经历了漫长的发展过程。在不同时期,社会向教育提出的要求及提供的条件使教育形成相应的特点。根据人类的教育内容由非专门教育活动向专门教育活动转移的情况,可以把教育的发展分为以下各具特点的历史阶段。

1. 原始社会的教育

原始社会是人类第一种社会形态。在这一阶段,人类对自然、对人类自身的认识知之甚少,生产工具主要是采用自然或简单打磨的石器。知识的贫乏和工具的简陋,反映了早期人类实践水平极其低下,制约了早期人类实践的范围,因而人们获得的物质生活资源在数量和种类上都非常有限。为了维护种族的生存,他们必须过一种原始的集体共产主义生活,大家共同劳动,共同分享劳动果实,此时私有制还没有产生。人类还不能正确认识自然和人生,"泛灵论"和"通灵论"是原始人的哲学,产生了具有巫术性质的原始舞蹈和严格的仪式性知识。在这样的政治经济基础上的教育具有如下特征。

(1)基于低下的生产力水平,教育具有原始性

此时的教育,由于生产力水平低下,没有阶级与国家,因此也就没有制度化的教育机构。教育在社会生产生活中进行,教育内容简单,如《尸子·君治》记载:"燧人之世,天下多水,故教民以渔;宓羲氏之世,天下多兽,故教民以猎。"同时,教育方法比较简单,主要以口耳相传和实践模仿为主。

(2)教育与宗教等活动密切联系,教育具有宗教性

此时教育由巫师承担,教育与原始宗教、仪式等紧密联系,宗教活动中有教育,教育在宗教活动中进行。比如,冠礼、祭祀先祖、图腾崇拜等活动,本身具有教育功能,可传递生产生活经验,约束和塑造人类行为。

(3)教育对象没有等级区分,教育无阶级性

共同生活的社会制度、教育资源为全体社会成员共享,虽然男女儿童在教育上存在性别(男子学习打猎、女子学习采摘)差异,但教育是面向所有部落儿童的。

2. 古代社会的教育

原始社会向阶级社会过渡,正如恩格斯所说:最卑下的利益——庸俗的贪欲、粗暴的

情欲、卑下的物欲，对公共财产的自私自利的掠夺，揭开了新的文明的阶级社会；最卑鄙的手段——偷窃、暴力、欺诈、背信，毁坏了古老的没有阶级的氏族制度，把它引向崩溃。奴隶社会、封建社会生产关系中，虽然人与人的关系存在差异，但是，均以土地为主要生产资源，以畜力耕作为基本生产方式，两者的社会生产力存在共同性，可统一划为古代社会。

古代社会，以土地为主要生产资源，以畜力耕作为经济基础，其政治是土地占有对社会的宗法专制，此政治经济制度又制约、影响着社会文化的各个方面。因此，其教育特征表现为以下几点。

（1）出现了学校教育，教育目标狭窄

随着铜制、铁制工具生产替代石器、木器用于生产，生产力水平得到提高，出现了剩余，一部分人就脱离生产劳动，专门从事文化生产，学校由此产生了，教育开始专门化。史载，公元前2500年，埃及就出现了人类最早的学校。古代中国夏朝已有学校设置，主要有两类：一类是"序"，另一类是"校"。商代有了比较正规的学校教育场所，学校名称有"大学""小学""庠""序"等。

此时学校的目的仅在于培养官吏、牧师或骑士。例如，古代中国学校的目的是传播统治阶级的意识形态和治国方略，培养能够维护和巩固封建统治的官吏。学成之后，经选士或科举，优秀者被授予一定的官职。中世纪的欧洲世俗教育与僧侣教育，则培养各自所需的骑士、教士。

（2）教育为统治阶级服务，教育性质具有阶级性

阶级的存在规定了教育的阶级性。在奴隶社会，只有奴隶主贵族子弟才有接受学校教育的权利，被授以军事教育和道德训练，形成阶级的意识与维护阶级利益的能力。到封建社会，教育的阶级性表现为等级性，即使同为统治阶级，不同官职出身的子弟接受不同等级的教育。此时，劳动人民则只能在生产劳动中接受教育，是没有资格也是上不起学的。

在西方，教育与宗教一直密切联系，古代尤其如此。在没有统一的国家统一宗教的西欧，教权高于皇权，此时的教育多由宗教把持，通过传播宗教教义，培养人们对上帝的虔诚和热爱、对世俗生活的鄙视和疏远。即使是世俗的骑士教育也要学习宗教教义，浸透着宗教精神。

（3）以伦理道德和宗教经典为主要内容，教育内容封闭

奴隶社会的教育内容多为军事教育，封建社会的教育内容则多为封建伦理，以形成伦理道德治国所需的品质。例如，"六艺"是西周各级各类学校教育的基本学科，具体是礼、乐、射、御、书、数；宋代四书五经则成为学校教育的重要内容。西方学校则授以宗教教义和宗教仪式，一些世俗性学科如修辞、逻辑、辩证法等也赋予神学旨意、价值观。

不过，此时在世俗性较强的学校教育中也存在一些科技教育，如此时中国的官学就有算学、天文学、医学等内容，甚至有如唐代太医署、大仆寺、司天台等中央部门开办的专

科学校，正是这些科学技术教育促进了中国古代科学技术的发展。

（4）呆板的知识传授，强迫的道德灌输，教育方法机械

由于教育的阶级性、等级性规定了受教育者必须从内到外在行为上坚决服从社会阶级、等级秩序，知识的学习只能是机械记忆、背诵，对既成定论的接受，不容许思考、怀疑，即便是个人体会、践行也不能超越社会规范，以培养服从封建统治秩序的官吏、骑士或牧师。同时，辅之以严格的纪律训练、约束，对质疑社会秩序、违反纲常伦理者处以重罚。

当然，也应看到这一时期教育方法上的一些进步、创新，如东方孔子的启发式教学、榜样示范，西方苏格拉底的问答术等。

（5）积累了丰富的教育经验

到古代社会后期，统治阶级认识到教育对治理国家的重要性，推动了教育实践与教育理论的发展，出现了大量总结和研究教育活动经验的论著，提出了比较丰富的教育教学思想，如孔子的《论语》、乐正克的《学记》、曾参的《大学》、颜之推的《颜氏家训》、韩愈的《师说》、西方昆体良的《论演说家的培养》等。这些教育经验为后来教育思想的形成、教育科学的发展奠定了基础。

3. 近代社会的教育

16世纪至19世纪末，世界进入近代社会。新大陆的发现及第一次工业革命给世界带来了巨大的变化，也使教育发生了巨大变化。19世纪以后，近代教育发展的主要特点有教育国家化、初等义务教育的普遍实施、教育世俗化和教育法制化。

（1）教育国家化

国家加强了对教育的重视和干预，公立教育崛起。19世纪以前，欧美国家的学校教育多为教会或行会主持，国家并不重视；19世纪以后，资产阶级政府逐渐认识到公共教育的重要性，随后逐渐建立了公共教育系统。

（2）初等义务教育的普遍实施

德国1763年做出普及义务教育的规定，是世界上最早普及义务教育的国家。英国1880年实行5—10岁儿童的义务教育，1891年完全实行初等免费教育，19世纪80年代全国学龄儿童入学率达到90%。

（3）教育世俗化

教育从宗教中分离出来。有些国家明确规定，宗教、政党不得干预学校教育。

（4）教育法制化

重视教育立法，依法治教。西方近代教育法制的一个明显特点就是重视教育立法，教育的每次重要进展或重大变革，都以法律的形式予以规定和提供保证。例如，1852年美国马萨诸塞州的《义务教育法》，1870年英国的《初等教育法》，1872年德国的《普通教

育法》，1886年日本的《小学校令》等。可见，重视立法是近代教育的一大特征，现代社会教育正是在教育立法、以法治教的条件下才得以持续、稳定、协调、健康发展，避免因人而异导致的周期性教育震荡。

4. 现代社会的教育

现代社会是指从1817年俄国十月革命开始的新时代。大机器生产替代手工生产、工业经济替代农业经济、民主政治替代宗法专制，以及因此而引起的社会系统的全面变革，自由、民主、平等、科学理性成为人类的普遍观念，人类社会走向现代社会。同处现代社会的资本主义与社会主义，虽然存在生产关系的差异，但各社会的生产力具有相似性，且两者共存于现代社会，都面临着如环境、资源、人口、粮食等共同问题，在这些问题以及其他重大的国际问题上，存在许多共同利益与认识，其教育也表现出许多共同性。

（1）教育的生产性不断增强，教育生产劳动从分离走向结合

在现代社会，随着机器大工业生产的发展和科学技术的进步，从事生产的劳动者就需要掌握一定的科学知识和技术。这样，学校教育日益与生产劳动相结合。现代教育与生产劳动逐步结合，促使现代教育成为劳动力再生产的重要手段，也成为科学知识再生产和科学技术发展的重要手段，对提高社会生产效率和增加社会财富起着重要作用。因此，现代教育具有明显的生产性。

（2）教育的公共性、普及性日益突出

现代大工业生产需要生产者具有相当水平的科学技术素质，因此，面向全体公民、培养具有相应品格的劳动者是现代社会对教育提出的必然要求。对此，无论是资本主义还是社会主义都不断地提高普及义务教育的程度与水平，扩大教育对象，且把普及教育的程度作为社会发达与否的标志。

5. 20世纪后的教育

20世纪上半叶，世界上出现了社会主义与资本主义两大阵营，电气化革命在某些发达国家已经完成，两次世界大战改变了世界格局，民主化、工业现代化、国家主义成为世界上三股最强大的潮流。在这样的背景下，教育获得了更大的发展，教育制度逐渐完善，初等义务教育普遍向中等教育延伸，职业教育发展受到普遍重视，政治道德教育普遍呈现出国家主义特征，平民教育运动、进步主义教育运动在世界各地都有不同程度的展开。

（1）教育的终身化

尽管"活到老学到老"很早就被提出，但那只是少数思想家的个人自觉行为，还没有成为整个社会的客观要求。但是，当代社会，由于科学技术创新速度加快，社会急剧变革，要求人们不断接受教育训练，因而终身教育越来越成为普遍的观念。

法国成人教育家保罗·朗格朗最早提出终身教育理论，指出接受教育应当是人一生不断、反复的过程；提出把工作与学习交替起来，把学校与社会、家庭联系起来，把各种正

规教育与非正规教育联系起来，在人们需要教育的时候，能以最好的形式为人们提供最好的教育，使教育贯穿整个人生，从出生到坟墓。教育的终身化要求：在教育观念上，树立大教育观，同等重视正规教育和非正规教育；在教育体系上，使教育贯穿人的一生；在教育目标上，要求培养和提升人的终身学习意识和能力；在教育方式上，要求实施多样化的教育，促进学习者更加主动地学习。当然，终身学习是受教育者个人的认识、态度问题；终身教育是实现个人终身学习的教育保证，而学习化社会则是实现终身教育的社会保障。

（2）教育的全民化

1990年3月，由联合国教科文组织发起并在泰国宗迪恩召开的世界全民教育大会通过了《世界全民教育宣言》。大会提出的全民教育思想为国际社会所普遍接受，并在世界范围内兴起了所有人都能受到基本教育的运动。全民教育，即全体国民都有接受教育的基本权利并必须接受一定程度的教育，通过各种方式满足基本的学习需求。

（3）教育的民主化

近年来，全球化范围内不断发展的义务教育、全民教育、终身教育、补偿教育、特殊教育以及20世纪90年代以来兴起的全部教育理念，都反映着人类对教育平等的不懈追求。给更多的人以教育的机会、给更多的人以平等的教育成为许多国家努力的方向。教育民主化已经成为世界教育改革的必然趋势。

教育民主化是对教育等级化、特权化和专制性的否定。教育民主化首先是指教育机会均等，即教育要为所有社会成员提供平等的教育权利，包括入学机会的均等、教育过程中享有教育资源机会的均等和教育结果的均等，这意味着要对社会弱势学生群体给予特殊的照顾；其次是师生关系的民主化；再次指教育方式、教育内容等的民主化，为学生提供更多自由选择的机会；最后指追求教育的自由化，包括教育自主权的扩大、根据社会要求设置课程、灵活地编写教材等。

（4）教育的多元化

教育的多元化具体包括教育思想、培养目标、办学模式、教学内容、评价标准等的多元化，它是社会生活多元化及人的个性化在教育上的反映。现代化教育是多元发展的，即利用各种资源，采取各种形式，通过各种渠道，使办学体制和专业结构等多样化发展，为人们提供不同层次、不同形式、不同规格的教育，以满足人们对教育和学习的多种需要，其特征有办学主体的多元化、教育功能的多元化、教育文化环境的多元化。

（5）教育技术的现代化

教育技术的现代化是指现代科学技术在教育技术上的应用，包括教育设备、教育手段、教育方法等的现代化，以及由此而引起的教育思想、观念的变化。以现代信息技术为基础的学校教育网络逐步建立，学校的教育教学时空得到根本性改变。在现代教育理念的指导下，人们为了提高教学效率和效果，研究人的认知、学习规律和学习过程，探讨最佳的教学模式，信息技术将为学习者提供丰富多样的学习资源，多媒体技术正迅速成为现代教育技术中的主要技术，基于网络的教学环境和教学模式正在兴起。

（6）教育的全球化

教育全球化已成为21世纪人类关注的焦点。教育全球化不仅指全球化在多领域、多层面上发生，还指全球的参与者是多元的，既有国家、民族、国际组织、学校，还有各种各样的共同体及个人。教育全球化也是人的社会化过程，由此产生了"全球人"，形成了一种"地球文化"。各国的教育必须在一定范围与程度上与国际接轨，开展全球教育，培养具有全球化意识并懂得全球化知识的专门人才。同时也指在全球教育、文化交流日益发展的情况下，世界各国之间的教育影响、互动性越来越强，使得具有共性的教育样式逐步普及推广，成为全球通行标准的状态或趋势。

（7）教育的信息化

教育信息化是将信息作为教育系统的一种基本构成要素，并在教育的各个领域利用信息技术，促进教育现代化的过程。教育信息化过程中应高度重视教育系统以信息的观点进行信息分析，并在此基础上进行信息技术的有效利用。其内容包括远程教育信息网络系统、学校的校园网、网络教室等管理信息系统。

（8）教育具有科学性

同历史以经验指导教育相比，现代教育则注重科学指导，由此使得教育科学研究获得重视。教育科学研究主要涉及生理学、心理学等教育人类学基础研究，也涉及社会学、历史学等教育社会学基础，正是这些教育科学研究，奠定了现代教育的科学性，使得科学教育成为现代教育的基本内容，依靠教育科学指导实践成为现代教育的基本理念。

二、教育学

（一）教育学的研究对象

任何一门学科都有其独特的研究对象，这是一门学科是否独立的标志。教育学的研究对象问题一直是教育理论探讨的问题。在教育学的产生和发展过程中，如何找到教育学的学科特殊性，以使教育学这门学科得以以科学的面貌出现在学科之林，一直是许多教育研究者们的愿望。在诸多研究中，关于教育学的研究对象问题主要形成了如下主要观念：第一，教育学的研究对象是教育现象；第二，教育学的研究对象是教育事实；第三，教育学的研究对象是教育规律；第四，教育学的研究对象是教育问题；第五，教育学的研究对象就是教育。

以上诸种不同观点，反映的是教育研究者对于教育学研究对象不同角度的观察和研究，它们散见于不同的论著中。这些观点均存在一定的合理性。就目前的研究来看，比较普遍的观点是从整体角度把握教育，并将教育学看成教育科学的总称，认为教学的对象是人类社会所特有的教育现象和教育问题，其任务是揭示这一现象的客观规律。

教育现象是指一切培养人的活动的外在形态和表面特征。教育现象纷繁复杂、多种多样，有社会教育现象、学校教育现象、家庭教育现象等。比如，学校教育中的课堂教学、课外活动、师生关系等，都是教育现象的表现。教育学就是通过对大量的教育现象的研究来发现教育问题、认识教育的本质，从而揭示教育的客观规律。教育规律是教育活动内部诸多因素之间以及教育与其他事物之间一种本质的、必然的联系。了解教育规律有助于教育工作的科学化，促进教育事业的发展。

（二）教育学的意义

教育学是一门教师必修的专业课，也是教育工作者应具备的知识素养。学习教育学，能使我们了解和掌握教育规律，树立正确的教育观，指导教育实践。

1. 超越日常教育经验的限制

人类有关教育的认识有两种：一种是日常教育经验，另一种是科学形式。教育学的学习有助于对日常教育经验的超越。通过学习教育学，有助于自我教育素质以及自我反思和自我发展能力的提高。自我反思是指在思想领域中对自己行为的合理性不断追问，以促进自身教育教学效能的提高；自我发展是指能够不断地超越自己已经达到的教育境界，追求某种更高的教育层次。自我反思和自我发展不可能依靠经验完成，只有教育理论才能帮助教育工作者超越教育经验，摆脱习惯的束缚，进行深入思考，促使教育教学经验理论化，并且在不断的自我反思中发展自我、完善自我和实现自我。

2. 科学解释教育问题

教育学教材总是围绕一个教育问题介绍许多不同的教育理论，这些教育理论从不同方面解释教育问题，要么相互冲突，要么相互补充，这些理论观点的存在说明了教育问题的复杂性和多样性。只有学习并掌握科学的教育理论知识，才能从纷繁复杂的教育问题中找到解决问题的途径和办法。特别是在世界变化日益深刻和迅速的今天，教育工作者不仅要跟上时代的步伐，积极地参与教育教学改革，更要努力学习教育学知识，开阔视野，提高教育教学工作水平和能力。

3. 不断探索教育规律

随着教育改革的不断深化，对教师的素质要求也在不断提高。教师角色发生了根本变化。其中最重要的变化就是要求教师从传递型教师向研究型教师转变。教师是教育教学的研究者，这个观念已经深入人心。而且，面对复杂的教育形势，传统的教育经验不能解决不断出现的新问题，教师只有成为研究者，才能在教学过程中以研究者的心态置身教学情境之中，以研究者的视角分享教育理论和教育实践中的问题，不断积累总结经验，形成规律性的认识，以应对教育改革的挑战。

（三）教育学的发展历史

教育学学科的形成与发展同其他学科一样，经历了一个由思想萌芽到确立学科意识再到系统发展的较长时期。这一过程反映的不仅是社会政治经济发展对教育发展的制约，也反映出人类在思维水平上的变化。主要分为四个阶段。

1. 教育学的萌芽阶段

萌芽阶段的教育学尚未形成一门独立的学科，只是在哲学、政治学、伦理学等学科书籍中散见一些零碎的教育思想和观点。这些零碎的思想在理论上还不成熟，只是简单的教育经验的总结和积累，尚未构成完整的、系统的体系。

在世界教育历史长河中，中国的教育活动源远流长，是世界上最早开始有组织的教育活动的国家之一。许多思想家同时也是教育家都在自己的学说中表述了自己基本经验基础上的教育观。例如，战国末期的《学记》不仅反映了我国最早的教育思想，也是世界上最早、内容非常丰富的教育专著。《学记》开篇即论述了教育的社会功能和个人功能。"建国君民，教学为先""玉不琢，不成器；人不学，不知义"，尤以教学原则的总结最突出，如"教学相长""藏息相辅""豫时孙摩""启发诱导""长善救失""学不躐等"。此外，还论述了教育教学制度、教师地位和作用、师生关系等问题。体现孔子教育思想的著作《论语》，在教育对象上主张有教无类，以《诗》《书》《礼》《乐》《易》《春秋》为教材，对学生进行教学，教学原则上提出"不愤不启，不悱不发""因材施教""学、思、行相结合""温故知新"的思想，直到今天仍具有现实意义。

西方教育学的思想来源于古希腊的教育实践。德谟克利特以培养"智者"为目的，以文法、修辞学和逻辑学为教学内容，指导人们追求智慧和道德。而哲学家苏格拉底将其教育法称为"助产术"，以问答的方式，引导学生认识自己观点的不足之处，进行思索，从而获得知识。苏格拉底的弟子柏拉图在其《理想国》中，集中阐述了自己的教育思想。亚里士多德的教育观点基本上承袭了其师柏拉图的观点，他的教育观点散见于其《政治学》和《伦理学》两本著作中。他认为，教育要根据国家的性质和受教育者的自然本性来进行：一方面，教育应该由国家来负担，受国家控制；另一方面，教育必须注重发展儿童天性中的潜在能力，并提出和谐发展的教育思想，为后世的自然教育思想开了先河。在教育对象上，他注重贵族教育，把奴隶和劳动人民排除在受教育范围之外，坚持服务于贵族的"文雅教育"思想。

2. 教育学的独立形态阶段

深受人文主义精神影响的捷克教育家夸美纽斯，在其著作《大教学论》中提出"把一切事物教给一切人"的泛智教育思想，并系统阐述了教育要遵循人的自然发展的原则及其教授术，开始了教育观论的系统化。法国启蒙思想家卢梭将自然教育思想给予更充分的发挥，他在其教育小说《爱弥尔》中设想爱弥尔的成长教育过程，进一步论述了教育要适应自然的思想，他将自然阐发为儿童的自然天性及其发展的自然进程，包括人类的一切特性以及儿童性别、年龄和个性上的差异及其发展，反对压抑本性及其发展的自然进程。第一个开始把教育学作为一门学科在大学正式讲授的是康德，他在德国柯尼斯堡大学开设课程，讲授自己带有哲学意味的教育学。从18世纪末到19世纪上半叶，由于心理学的发展，深受卢梭思想影响的裴斯泰洛齐提出了"教育心理学化"，开始真正从教育实践，特别是在有计划的教育实验中探索和研究儿童的心理特点与发展规律。

赫尔巴特继康德之后在柯尼斯堡大学讲授哲学和教育学课程，在卢梭的思想体系和裴斯泰洛齐的经验基础上对教育学的科学基础进行探索，初步建立了教育学体系。赫尔巴特的《普通教育学》以伦理学和心理学为教育学奠定了科学基础。在西方教育史上，赫尔巴特的《普通教育学》被作为科学教育学产生的里程碑，标志着教育学真正成为一门独立的学科。

现代教育的代表杜威，其教育思想与赫尔巴特的教育思想针锋相对，他的代表作是《民主主义与教育》。杜威肯定了赫尔巴特教育理论使教学摆脱了陈规，使教育变得有一定目的和程序，但将作为传统教育代表的赫尔巴的特教育思想概括为"教师中心""教材中心"和"课堂中心"，并进行了批判，提出了与此相对的"儿童中心""兴趣中心""活动中心"的教育观点。杜威在书中还同时吸取现代哲学、社会学、生物学、心理学上的成就，形成了一个完整的实用主义教育思想体系，对20世纪的教育和教育学产生了深远影响。

3. 教育学的多样化阶段

19世纪50年代至20世纪40年代是教育学发展的多样化阶段。20世纪初，德国教育家梅伊曼首先提出"实验教育学"；1903年，德国教育家拉伊出版了《实验教育学》，对实验教育学进行了系统的阐述。两人认为，必须使教育学具有真正的科学性质，把教育学当成教育技术加以研究，坚持用"实验"与"观察"的方法研究教育学，梅伊曼更强调以观察和统计为基本方法的教育实验。

19世纪末20世纪初，美国出现了以杜威为倡导者和主要代表的进步主义教育，他们批判传统教育的形式主义。强调"教育即生活"，主张教育成为生活的过程；强调"学校即社会"，把学校办成一个社会的雏形；强调儿童中心，使教育科目以儿童的社会生活为中心；强调做中学，让儿童在社会生活中学习；提倡在经验中学习，在处理问题中学习。由此，他成为"现代教育派"的代表。从此，西方教育学出现了以赫尔巴特为代表的传统教育学派和以杜威为代表的现代教育学派的对立。

19世纪40年代，无产阶级革命导师马克思、恩格斯创立了马克思主义。马克思主义的诞生，为教育学奠定了科学的世界观和方法论基础，指明了教育学研究的新方向，开拓了教育学研究的科学化道路。马克思、恩格斯用无产阶级理论阐述了教育与社会、教育在人的发展中的作用、人的全面发展、教育与生产劳动相结合等一系列教育的根本问题，为马克思主义教育的发展奠定了理论基础。在马克思理论的指导下，产生了一批代表无产阶级利益的教育学家。

1939年出版的以凯洛夫为主编的《教育学》，是一本尝试以马克思主义观点和方法阐明社会主义教育规律的教育著作。这本著作在苏联和我国产生过很大影响。该书继承了传统教育思想，重视系统知识的教学，强调课堂教学和教师的主导作用。虽然该书存在忽视学生主体性、对发展学生智力重视不够的缺陷，但对社会主义教育理论建设做出了重要贡献。

1930年杨贤江出版的《新教育大纲》，是我国第一本试图用马克思主义观点阐述教育基本理论问题的著作。书中论述了教育的本质和作用，指明了教育是上层建筑，是阶级斗争的工具，在教育理论上起到了启蒙作用。

20世纪70年代，人本主义教育思潮兴起。它不是对20世纪60年代改革的全盘否定，而是一方面坚持主张培养卓越的智力，另一方面指向人格整体发展，构成更加以人为中心的教育。例如，罗杰斯以学习者为中心的教学主张，提出教学要以人的本性为出发点，以发展创造力为核心，以形成独立的个性为教学目标，认为教学要以学生为中心，建立新的师生关系，强调意义学习。

4. 教育学的深化阶段

20世纪60年代以来，由于科学技术的迅猛发展，教育成为提高生产效率和发展经济的主要因素，引起了世界范围的新的教育改革，促进了教育学的发展。

1956年，美国心理学家布鲁姆制定出教育目标的分类体系。他把教育目标分为认知目标、情感目标、动作技能目标三大类，每类目标又分为不同的层次。布鲁姆的教育目标分类，可以帮助教师更加细致地去确定教学的目的和任务，为教育过程的观察、分析和评价提供了一个框架。

1963年，美国的教育心理学家布鲁纳发表了他的《教育过程》这一著作。他主张"不论我们选教什么学科，务必使学生理解该学科的基本结构"。他还认为，学科结构要与儿童的认知结构相适应，提出了这样的一个命题："任何学科的基本原理都可以用某种形式教给任何年龄的任何儿童。"他特别重视学生能力的培养，提倡发现学习。布鲁纳的教育思想，对于编选教材、发展学生的能力、提高教学质量是有积极意义的。他主张儿童提早学习科学基本原理，但忽视了学生的接受能力。

1975年，苏联出版了《教学与发展》一书。这本书是苏联心理学家、教育家赞可夫在1957—1974年进行教学改革试验的总结，全面阐述了他的实验教学论体系，系统叙述了学生的发展进程，介绍了研究学生学习过程的情况。通过实验，他批评了苏联传统教学理论对发展学生智力的忽视，强调教学应走在学生发展的前面，促进学生的一般发展。

20世纪70年代，为了克服学生普遍存在的留级、学习成绩不佳的现象，苏联教育家巴班斯基提出，要对学校教学进行最优化。教学过程的最优化，是指在一定的教学条件下寻求合理的教学方案，使教师和学生花最少的时间和精力获得最好的教学效果，使学生获得最好的发展。教学过程最优化的基本方法体系包括：①综合地规划学生的教养、教育和发展的任务；②研究学生并使教学任务具体化；③使教学内容具体化；④选择最合理的教学形式和方法；⑤区别对待学生；⑥采取专门措施节约时间，选择最优的教学速度。

第二节 教育的目的

教育是一种指向明确的有目的的活动。教育目的不同，往往会导致教育功能的体现和人才素质发展的不同。教育要实现怎样的功能、培养什么样的人，都需要通过相应的教育目的来确立。

一、教育目的的概念

（一）广义的和狭义的教育目的

教育目的的概念有广义与狭义之分。广义的教育目的是指人们对受教育者的期望。这里的人们既包括直接参与教育活动的当事人，如教师、家长、学生等，也包括间接参与教育活动的各种社会组织，如政府、宗教团体等。任何一位介入教育活动的成员或组织，都对受教育者接受教育后的结果有一个预期，这种预期可以理解为广义的教育目的。

狭义的教育目的是指一个国家对教育活动结果规定的总要求，即一个国家在进行教育活动之前对教育要实现的结果或要达到的标准的预测或规定。

（二）对教育目的的正确理解

1. 教育目的是对未来客观实在超前或预先的反映

教育是人类特有的实践活动，而人的实践活动都是有预定目的的活动。马克思曾经指出："劳动过程结束时得到的结果，在这个过程开始时就已经在劳动者的表象中存在着，即已经观念地存在着。"将这一原理运用到教育活动中，就是说教育活动不是无意识的、盲目的，而是自觉的、有目的的；或者说，对于要把受教育者培养成什么样的人，在教育活动开始以前就已经存在于教育者的头脑之中了，而且已经在观念上有了某种理想的范型，这就是我们所说的教育目的。

2. 教育目的既体现为社会的教育目的，又体现为个人的教育目的

社会的教育目的主要反映社会对教育系统的总要求，要求教育为一定社会的政治、经济和文化及其发展服务；个人的教育目的则主要反映教育对个体身心发展的作用，要求教育为个体的全面自由发展服务。

教育的社会目的与个人目的应当是相互联系的两个方面，它们共同组成完整的教育目的整体。有效的社会教育目的必须通过个人教育目的的实现而实现；反之，有效的个人教

育目的也必须考虑到社会教育目的，以社会教育目的为设定和实现的前提。

3. 教育目的首先是学校的教育目的

学校作为一种专门培养人的社会机构，它所确定的教育目的具有自身的特点。这种特点表现在以下几个方面：

第一，学校的教育目的比较集中地反映了一定社会对人的要求。不是以培养人为专职的社会组织或机构对人的发展所持的期望或要求，往往会与整个社会的要求有种种不符之处。相比而言，学校这种专门培养人的机构必须体现国家的意志，因此，在确定教育目的时，学校就更为直接地、自觉地接受社会的制约，在反映社会要求方面就必然更为精确和全面。

第二，学校教育工作者对教育目的的认识更为自觉。在教育活动开始时，教育目的就清晰地存在于教育工作者的观念之中，即对教育目的有着较高的自觉性。正因如此，整个教育活动才能够始终按照既定的教育目的去进行。

第三，学校教育目的能更科学地反映受教育者所可能和应当发生的变化。教育作为培养人的社会活动，就是要按照一定的主观意图使受教育者产生自然发展过程中所不能产生的某种新的形态或特征。学校的教育目的能够正确反映受教育者发展的客观要求，因此是一种科学的教育目的。

4. 教育目的是教育的核心问题

教育目的是指导、调节教育活动的根本因素，是一切教育活动的出发点和归宿，是教育活动开展的前提。教育任务、内容、方法、形式的确定与选择，都必须以教育目的为依据。因此，所有教育工作者都必须正确地理解、掌握和执行我国的教育目的。

二、教育目的的结构

教育目的的结构包括内容结构和层次结构两个方面。

（一）内容结构

教育目的的内容结构是指教育目的的组成及其相互之间的关系。教育目的一般由两部分组成：一是对教育所要培养的人的身心素质及其结构做出规定，即指明受教育者在知识、智力、品德、审美、体质等方面的发展，以期望受教育者形成某种素质结构，这是对表现于教育结果之中的人的身心素质以及它们之间联系的规定；二是对教育所要培养的人的社会价值做出规定，即指明受教育者应符合什么社会的需要或为什么阶级的利益服务，这是对表现于教育结果之中的人的社会功能的规定。

教育目的的这两部分内容结构是不可分割的。表现于教育结果中的人的社会功能规定了人的身心素质及其结构，人的身心素质及其结构决定着它所能发挥的社会功能的性质和水平。

教育目的中关于受教育者社会价值和社会功能的规定对受教育者的发展起着定向作用，但教育目的的结构的核心部分则是关于受教育者所要形成的身心素质及其结构的规定。

之所以如此，主要是因为教育是培养人的活动，因此，教育目的一方面必须从社会发展的客观需要出发，另一方面也必须为受教育者未来的需要考虑，并在此基础上对受教育者身心发展的方向、内容和所要达到的水平做出切合实际的规定。只有这样，才能卓有成效地去指导教育活动，形成受教育者合理的素质结构，提高受教育者自身的价值。也只有在受教育者形成合理的素质结构的基础上，受教育者才能在社会实践中充分地发挥社会功能并创造社会价值，为某种社会目的和社会理想的实现做出自己的贡献。

（二）层次结构

教育目的的层次结构就是在国家总的教育目的的指导下，由各级各类学校的培养目标以及实现这些目标所必需的教学目标所构成的教育目标系列，它们由抽象到具体形成了一个完整的目标体系结构。由此可见，教育目的的层次结构主要由国家的教育目的、各级各类学校的培养目标和教师的教学目标组成。

1. 国家的教育目的

国家的教育目的在教育目的层次结构中处于最高层，体现了国家对人才质量的总体要求，是各级各类教育组织和机构必须遵循的总体要求，是衡量社会教育、学校教育、家庭教育质量高低的唯一标准。其表现形式最概括、最抽象，与其他层次的教育目的是一般与个别的关系。任何其他层次的、具体的教育目的，都应该符合国家层次的教育目的。

2. 各级各类学校的培养目标

各级各类学校的培养目标居于第二个层次，它是根据国家的教育目的制定的某一级或某一类学校、某一专业对人才培养的具体要求，是国家教育目的在不同教育阶段、不同级别的学校、不同专业方向的具体化。

教育目的与培养目标是普遍与特殊的关系。只有明确了教育目的，各级各类学校才能制定出符合要求的培养目标；而培养目标又是教育目的的具体化。教育目的是针对所有受教育者提出的，而培养目标是针对特定的教育对象提出的，各级各类学校的教育对象有各自不同的特点，因此，制定培养目标需要考虑各自学校学生的特点。

不同国家的教育目的不同，培养目标也不相同。而在同一个国家，教育目的虽然相同，但是培养目标却不一致。不仅不同级别、不同专业、不同类型学校的培养目标有所区别，就是同一级别、同一类型的学校由于种种具体条件的不同，培养目标也不尽相同。

3. 教师的教学目标

教师的教学目标居于第三个层次，是指教育者在教育教学过程中，在完成某一阶段的工作时，希望受教育者达到的要求或产生的变化。

教学目标是一切教学活动的出发点和最终归宿，它既与教育目的、培养目标相联系，又不同于教育目的和培养目标。一般而言，教学目标与教育目的、培养目标之间是具体与抽象的关系。教育目的是最高层次的概念，它是培养各级各类人才的总的规定，各级各类学校的培养目标、教学目标都要依据教育目的制定。培养目标是中层次的概念，是对受教育者通过教学以后将来能做什么的一种明确的、具体的表述，主要描述受教育者通过学习后预期产生的行为变化。教学目标是最低层次的概念，更为具体，微观到每堂课甚至是每个知识内容，教育目的和培养目标是制定教学目标的依据。

培养目标是教学目标确定、实施和教学活动评价的基本依据，具有高度的概括性和抽象性，它必须通过一个个具体教学目标的完成才能够得以实现，而各教学目标之间是相互联系和相互影响的。教学目标的完成不一定能保证培养目标的实现，必须在培养目标的总揽之下，把握教学目标之间以及教学目标与教育目的之间的内在关系，才能保证培养目标的最终达成。

三、教育目的的功能

教育目的的功能是指教育目的对实际教育活动所具有的作用。具体来讲，教育目的具有以下功能。

（一）定向功能

教育目的及其所具备的层次性，不仅内含对整体教育活动方向的规定和结果的要求，而且含有对具体教育活动的规定性。具体体现为以下四个方面：

一是对教育的社会性质的定向作用，即对教育"为谁（哪个社会、哪个阶层）培养人"具有明确的规定。

二是对人的培养的定向作用，使教育依照这样的规定，不仅能改变人的自然的盲目的发展性，而且能对人不符合教育目的要求的发展给予正确的引导，使其发展符合教育目的的规定。

三是对课程选择及其建设的定向作用，教育目的对选择何种水平的教育内容、对内容如何进行取舍等具有决定作用。

四是对教师教学方向的定向作用，除对培养学生能力和技能方向的教学定向外，还对培养思想品德方向的价值具有定向作用，使教师能够知道所要教的最重要的是什么。

正因为教育目的具有定向功能，教育活动才有所依循，避免其社会性质和发展方向上的失误。任何社会为满足自身发展需要，总是先确定相应的教育目的，引导教育发展的方向，以便从根本上确保教育的社会性质和人才培养的社会倾向性。

（二）调控功能

一定的教育目的是一定社会依据自身或人的发展需要对教育活动进行调节、控制的重要手段，以便达到使其自身发展的目的。教育目的的调控功能主要表现在以下三个方面：

一是通过确定价值的方式进行调控，主要体现在对教育价值取向的把握上。教育的产生和发展，既是由于社会的需要，同时也会受到社会的制约，社会在利用教育来满足自身或人的发展需要时，无不赋予其特有的价值取向。因此，教育目的带有一定价值观实现的要求，并成为衡量教育价值意义的内在依据，进而调控实际教育活动。

二是通过标准的方式进行调控。教育目的总是含有"培养什么样的人"的标准要求，这些标准对实际教育活动的影响是多方面的，是教育活动"培养什么样的人"的基本依据，它使教育者根据这种标准调节和控制自身对教育内容或教学方式的选择等。

三是通过目标的方式调控。一定的教育目的必然要通过一系列的短期、中期和长期目标去实现，这些目标指出了教育行为的进程，具体调节和控制着各种教育活动。

（三）评价功能

教育目的不仅是教育活动应遵循的根本指导原则，也是检查评价教育活动的重要依据。一种能够实现的教育目的，总是会有多层次的系列目标，这使得它对教育活动不仅具有宏观的衡量标准，而且具有微观的衡量标准。依据这些标准，能够评价教育活动的得与失，具体表现在以下两个方面：

一是对价值变异情况的评价。教育行为必然具有一定的价值倾向，但社会中个人、群体、社会各层次之间存在的利益、需要、目的等方面的矛盾与冲突，常常导致教育现实与教育价值观之间的冲突。这使得教育活动的进行总是面临着多种多样的教育价值观的影响和干扰，容易导致实践中教育活动的方向模糊不清，甚至使其被赋予了另外的价值取向。如果不坚持用所确立的教育目的进行衡量评价，就不能意识到教育活动价值的变异，也难以使其得到有力的纠正。

二是对教育效果的评价。教育目的中的层次目标，不仅是指出教育活动的途径，同时也是评价具体教育活动效果达成程度的直接依据。运用这样的标准来评价具体的教育活动过程，可判断出过程的得失、质量的高低、目标达成的程度等。要确保教育目的的实现，就应注意依据教育目的不断分析评价教育过程发展状况和结果，适时做出恰当判断。只有注意发挥教育目的对教育活动的评价功能，才能更好地从根本上把握教育活动的进行。

第三节　我国的教育目的

一、我国教育目的的历史沿革

教育目的因社会制度、民族文化传统、教育思想的不同而异。我国历史上许多思想家、教育家曾就教育目的发表过见解。早期的教育目的经常由个人提出和倡导，在得到社会承认后，影响整个社会的教育。清末民初，随着现代学校教育体系的建立、教育规模的日益扩大和教育职能的日益显著，教育目的也开始以国家名义被颁布并强制实行。

（一）我国古代教育目的

我国古代教育从先秦一直延续到20世纪初。从总体上看，我国传统教育呈多元结构，主要由儒家教育、道家教育和佛家教育组成。以孔子为代表的儒家教育思想是我国传统教育思想的主流，因此，儒家思想对教育目的有着最重要的影响。从教育目的反映的社会要求上来看，我国古代教育目的就是培养统治阶级所需要的统治人才，培养"君子"，具体表现就是"学而优则仕"。在这种价值导向下，我国古代的教育内容主要是修读儒家经典，即所谓"四书五经"。从隋唐开始，历代封建统治者都是通过科举考试来选拔人才，并根据考试结果授予相应的官爵，进一步强化了为统治阶级服务的教育目的。自此以后的1300多年直到清末，科举考试一直是我国古代知识分子求得功名的唯一途径。

从我国传统教育目的观对个人发展的影响来看，主要是培养个人良好的德行，养成儒家所追求的理想人格，通过修身养性达到"齐家、治国、平天下"的目的。例如，孔子的教育目的就是培养所谓的"贤人""君子"，以能够担当治理国家的重任。就个人的发展而言，儒家教育追求的最高理想就是"圣人"，这种人的理想人格就是以"仁"为核心的"仁（德）智统一"。不过，在孔子的心目中，"圣人"是很少有的，比较现实的目的就是培养"君子"。"君子"是通过"文、行、忠、信"四教培养出来的具有伦理道德的人。这种人以"仁"为核心，以"礼"为形式，他"入则孝，出则悌，谨而信，泛爱众而亲仁，行有余力则以学文"。在这种目的观的引导下，孔子要求他的学生"志于道，据于德，依于仁，游于艺"，做到了这些，就是一个地道的"君子"了。

孟子继承并发展了孔子的教育目的观。如果说孔子注重的是杰出人才的培养的话，孟子则更注重普通人的道德水准的提高。孟子认为，教育的最高目的是"明人伦"，在于将普通人培养成为大丈夫或贤士。在孟子看来，"人伦"就是为人之道，主要包括五对关系处理中的人伦道德规范，即父子有亲、君臣有义、夫妇有别、长幼有序、朋友有信。在五伦中的第一个伦为"孝"，孟子认为，"孝"是一切伦理道德中的基础，无"孝"就无德，教育只有在培养人的"孝悌"观念的基础上才能形成人更高尚的品质。人有了起码的道德品质，再经过进一步的修炼和提升，便能养成顶天立地的"大丈夫"气概。

我国古代这种内则"修身"、外则"治国"的教育目的价值取向，在儒家经典《大学》中表述得非常清楚。《大学》开篇即言："大学之道，在明明德，在亲民，在止于至善。"如何才能至善？《大学》接着指出，格物、致知、诚意、正心、修身、治国而平天下，这是个人修养的基本步骤，也是个人发展的基本轨迹，经过这样的修炼，一个人才能养成儒家所期望的"内圣外王"的理想人格。

由上可见，我国古代教育目的价值取向在不同的历史时期虽然有不同的表述，但其基本精神是一致的，那就是，通过教育塑造理想人格，并以个人的人格魅力和德行修养来服务并服从于统治阶级的需要，成为统治阶级所需要的人。说到底，教育目的的价值取向是受制于社会的政治制度和统治阶级的利益的。

（二）我国现当代教育目的

1978年，全国人民代表大会通过的《中华人民共和国宪法》（以下简称《宪法》）中，将我国的教育目的表述为："教育必须为无产阶级政治服务，同生产劳动相结合，使受教育者在德育、智育、体育几方面都得到发展，成为有社会主义觉悟的有文化的劳动者。"将1957年和1958年提出的教育方针融为一体，成为改革开放后的中国教育目的的最权威的表述。

1982年，全国人民代表大会通过的《宪法》规定，"国家培养青年、少年、儿童在品德、智力、体质等方面全面发展。"

1985年，《中共中央关于教育体制改革的决定》提出：社会主义学校培养的人才都应该有理想、有道德、有文化、有纪律，热爱社会主义祖国和社会主义事业，具有为国家富强和人民富裕而艰苦奋斗的献身精神。都应该不断追求新知，具有实事求是、独立思考、勇于创造的科学精神。

1986年，《中华人民共和国义务教育法》（以下简称《义务教育法》）规定九年义务教育的目的是："义务教育必须贯彻国家的教育方针，努力提高教育质量，使儿童、少年在品德、智力、体质等方面全面发展，为提高全民族素质，培养有理想、有道德、有文化、有纪律的社会主义的建设人才奠定基础。"在2006年修订后的《义务教育法》中又强调了这一点。

1993年，《中国教育改革和发展纲要》提出："教育改革和发展的根本目的是提高民族素质，多出人才，出好人才。各级各类学校要认真贯彻'教育必须为社会主义现代化建设服务，必须与生产劳动相结合，培养德、智、体全面发展的建设者和接班人'的方针，努力使教育质量在20世纪90年代上一个新台阶。"

1995年，《中华人民共和国教育法》（以下简称《教育法》）规定："教育必须为社会主义现代化建设服务，必须与生产劳动相结合，培养德、智、体等方面全面发展的社会主义事业的建设者和接班人。"这一体现在教育根本大法中的教育目的的表述，应该是现阶段最权威的表述。

2010年，《国家中长期教育改革和发展规划纲要（2010~2020年）》规定："全面贯彻党的教育方针，坚持教育为社会主义现代化建设服务，为人民服务，与生产劳动和社会实践相结合，培养德智体美全面发展的社会主义事业建设者和接班人。"

由上可知，中华人民共和国成立以后有关教育目的的表述常有变化，其中最主要的原因是由于教育目的的制定是与国家政治经济的变化紧密联系在一起的；同时，这一变化本身也足以使我们认识到教育目的制定的难度和复杂性。教育目的既要反映出某一社会在某一阶段对教育所要培养的人的总要求，反映该国诸方面的发展对人才类型和素质的期盼，也要使其能够在学校层面上得以落实，对各级各类学校都具有普遍的指导意义。

二、我国教育目的的精神实质

综观我国社会主义各个不同时期教育目的的具体表述，不难发现，尽管其用语、表述等方面不尽相同，但其指导思想都有一个共同特征，即社会主义的教育目的是以马克思主义全面发展学说为坚实的理论基础，是马克思主义关于人的全面发展学说在社会主义历史条件下的继承、运用和发展，体现着共同的精神实质。具体来讲，其基本精神主要包括以下四个方面：

（一）社会主义是我国教育性质的根本所在

我国教育目的所反映出来的这一基本精神，明确了我国教育的社会主义方向。教育作为一种培养人的社会活动，源于社会需要也受社会制约。教育无不带有各个时代社会的特点和要求，无不体现一定的社会性质。中华人民共和国成立以来，我国的教育目的也体现了这一特点。但它不同于以往历史上任何社会的教育目的，是为社会主义巩固和发展服务的，维护社会主义利益、为社会主义服务，一直是我国教育目的的根本所在。

中华人民共和国成立以来，无论我国社会怎样发展变化，也无论我国发展的各个时期工作重点有什么不同，我国教育目的所确定的社会主义性质都始终没有变。正是由于我国教育目的所确定的社会主义性质的规定性，才在根本上保证了我国教育发展的社会主义方向，指引着教育为社会主义事业的全面发展培养造就各方面的人才。

（二）使受教育者在德、智、体、美等方面全面发展

我国教育目的反映出来的这一基本精神，明确了我国人才培养的素质要求。一是明确了人才应有的基本素质，即德、智、体、美等方面，将其作为人才所应有的基本素质。这几方面相互联系、相互作用，是人的生存和发展以及在现代化建设中不可缺少的基本素质。

二是明确了使受教育者各方面全面发展，即在注重基本素质（德、智、体、美）形成和发展的同时，也要促进其他素质的形成和发展，而不应仅仅局限在德、智、体、美四方面。这是促进人的个性丰富发展所必需的，有利于个人在物质生活领域和精神生活领域发挥展现创造性才能，更好地实现自己的理想和价值。

（三）注重提高全民族素质

我国教育目的不仅包含对人的全面发展的要求，而且含有对整个民族素质全面提高的要求。提高全民素质是我国当今社会发展赋予教育的根本宗旨，也是我国当代教育的重要使命，其原因主要有以下两个方面：

一方面，科学技术发展对综合国力、社会经济结构和人民生活的巨大影响使得科学技术成为经济发展、社会进步的关键，要加速科技进步并用科技进步来推动经济、社会发展，取决于整个民族素质和能力的提高。只有这样，才能使整个民族有能力加速科技进步，有能力将科技成果创造性地运用于经济建设和社会文明的发展。

另一方面，实现社会的现代化不仅是经济的巨大发展，同时也包括思想、道德、文化、观念等在内的社会的全面进步。否则这个社会的发展不仅是片面的，而且经济本身也将受到各种因素的严重制约，难以获得持久的健康发展。而要促进包括思想、道德、文化、观念在内的社会的全面进步，更需要整个民族素质的全面提高。因此，提高全民族素质，促进经济建设和社会发展，是我国教育目的精神实质的又一个重要方向。

（四）为经济建设和社会全面发展培养各级各类人才

这一基本精神反映了我国教育的基本使命。一个国家的经济建设和社会的全面发展进步，需要有各级各类人才与之相适应。培养能够坚持社会主义方向的各级各类人才，是我国自改革开放以来教育目的所体现的基本要求。

三、实现我国教育目的的途径

从培养全面发展的人出发，并针对我国教育的现实状况，可通过以下途径实现我国的教育目的。

（一）要以发展和提升学生素质为核心

素质是对人自身生理心理、学识才智、道德品行、审美情趣、生活态度和能力等方面发展质量或品质的总称，也可以用以对人某方面发展质量或品质的指称，如道德素质、心理素质、政治素质等。

当今社会，无论政治、经济、文化、科学技术的发展，还是人民生活的改变，其根本上无不取决于人的素质的发展。因此，教育目的的实现不能忽略对人的素质的培养，只有实施素质教育，才能使我国的教育质量观从原有侧重内容方面的努力转移到注重实际发展和水平上来。素质教育是以人的素质发展为核心的教育，素质教育不能仅仅停留在应有素质的形成上，更应重视素质的巩固和提升，使人的素质不断地得到充实和丰富。

（二）要树立和体现全面发展的教育观

1. 确立全面发展的教育观念

培养全面发展的人是我国教育目的的出发点和落脚点。所谓全面发展，是指个体身心得到全面、充分、和谐的发展，它是长期以来人们的追求，当然也是我国对所有学生普遍的、共同的要求。注重人的全面发展，体现了人类社会的共同追求和对社会成员的共同要求，同时也是人自身的需要和发展的必然趋势。因此，不论是从教育目的的实现角度，还是从人发展的角度而言，都必须确立全面发展的教育观念。

2. 正确理解和把握全面发展

我国教育目的中"全面发展"的精神实质是显而易见的。为了使其更好地得以实现，必须正确认识和把握以下四个方面的问题：

第一，要注意区别西方传统上的人的"全面发展"和我国新时代所讲的人的"全面发展"。西方传统上的人的"全面发展"只涉及少数人，并且主要局限于人的精神生活或文化生活的发展；我们今天所讲的人的"全面发展"则涉及大多数人，既关涉人的物质生活领域的发展，也关涉人的精神生活和文化生活领域的发展，并强调前者是后者的基础。

第二，全面发展不是人的各方面平均发展、均衡发展。实质上，全面发展是指人的各方面素质的和谐发展。而将全面发展视为人的各方面的平均发展、均衡发展，不仅是机械的，也是有害的。

第三，全面发展不是忽视人的个性发展。人的全面发展与个性发展是辩证统一的，德、智、体等各种素质在个体身上的和谐发展正是个性完美的体现。因此，个性发展与全面发展并不矛盾。没有全面和谐的发展，就不会显示出完美的个性，也不会有个性的很好发展。

第四，要坚持人的发展的全面性。仅仅为了眼前需要而漠视其他素质的培养，极易导致某些素质的欠缺和失衡，从而使人的发展单一化，或产生人格分裂。

3. 正确认识和处理各育之间的关系

实施全面发展教育，必须正确认识和处理好各育之间的关系。在全面发展教育中，各育之间是辩证统一的关系，既不能相互替代，又不可分割。各育的辩证统一关系主要表现在以下三个方面：一是各育之间是有区别的，不能相互替代，每一育都有其特定的内涵和任务，每一育的社会价值和满足个体发展需要的价值都是不同的；二是各育之间相互渗透，每一育中都包含了对人的智力、情感、意志和行为的要求；三是各育之间相互促进，存在着互为目的和手段的关系。

4. 防止教育目的的实践性缺失

实现教育目的需要有扎实有效的教育实践，同时这种有效的教育实践也需要依据教育目的来加以规范。也就是说，教育实践活动的方向始终需要教育目的的指引，教育目的是衡量教育实践的根本标准。否则就会导致手段与目的的颠倒或错位，使教育目的在教育实践中遗失，造成教育实践对教育目的的背离。

第二章 传统教育与在线教育的关系

在线教育是现代教育技术下的一种新型教育，主要依靠学生的自主和独立。提出"独立学习"概念的魏德迈在谈到构建远程教育系统的特征时，也明确指出"系统把比较大的学习责任放到学生身上"。在线教育为人的个性化、独立化发展奠定了基础。因此，在线教育的发展及其对教育教学改革所起到的推动作用不容轻视。而传统教育有利于系统知识的传授，并能充分考虑情感因素在学习过程中的重要作用，但是它受到时间和空间的约束。业内人士认为，在线教育是"金矿"，是一种新的创业机会，不过短期之内还无法颠覆传统教育。

第一节 互联网与传统教育

很多传统教育机构 10 年前就开始在网络上开展课程销售，一直推行在线教育并不断升级。在线教育发展形势良好，这些传统教育机构则开启了更加积极的变革和创新，以适应新的市场需求，取得更大的发展。

一、积极拓展产品线

互联网技术的发展给传统教育机构带来了新的危机和挑战，但是也给它们提供了新的机遇。中国最具代表性的民办教育机构新东方，其在线教育品牌新东方在线也是中国在线教育市场的领军者，其产品涵盖了语言考试、K12 等领域，现在已开始积极地布局职业教育领域，希望通过拓展产品线在互联网中开辟出新的盈利增长点。

2014 年 7 月 23 日，新东方集团正式与 ATA 达成合作协议，联手开拓在线职业教育市场。新东方集团将由旗下全资子公司新东方在线出资与 ATA 成立一家合资公司，并创办一家新的在线职业教育网站。以优质课程和师资实力著称的新东方此次与擅长考试测评的 ATA 合作，表现出了新东方通过战略转型把握互联网带来的新机遇的强大决心。

业内对双方的合作前景普遍看好，因为仅新东方集团自身每年培训的学员就有 300 万人，这些学员进入职场后就可能转化出巨大的职业学习群体。而新东方在线则在中国在线教育领域耕耘已久，拥有十分丰富的经验。数据显示，目前新东方在线网站的个人注册用户已超过 1350 万，移动学习用户超过 4000 万。对新东方而言，这次在在线职业教育领域的发力将进一步丰富其产品线，这次新变革将为企业的发展带来活力。

二、拓展"四屏联动"的云课堂

互联网技术的发展正在帮助人们实现各种设想，在线教育的发展则让学生实现在教室之外上课的设想。如今在线教育的用户可以不受时空的限制更加方便地上课，一些机构努力创新，让客户更加舒适愉悦地坐在客厅的沙发上，对着高清大屏幕，面对面地和老师现场交流，实现轻松愉悦的教育"真人秀"。

2014年7月12日，巨人教育与中国最大的民营互联网电信运营商鹏博士合建的"空中万人云课堂"正式面世，它实现了直播教室与电脑、手机、iPad 以及电视机的"四屏联动"。"空中万人云课堂"的面世，使得巨人教育可以借助鹏博士的科技手段和网络渠道，让学生无论是在书房的电脑前，还是客厅的电视机前，又或者在户外拿着手机、iPad，都可以随时随地学习巨人的在线课程。

与其他在线教育机构的云课堂相比，巨人教育的"空中万人云课堂"最先占据了客厅电视机，学生在通过电视机实时上课的同时还能够与老师实时互动交流。未来，随着中国智能客厅的发展，将会产生很大的潜在消费群体。

"空中万人云课堂"的性价比优势也将帮助巨人教育吸引到更多的客户。据介绍，最先推出在该云课堂上的课程，将是巨人教育的明星产品——"大语文"在线课程，学生在家中学习直播课程，可以获得 50% 的长期优惠。

三、发展移动端业务

中国互联网络信息中心（CNNIC）发布的第三十九次《中国互联网络发展状况统计报告》显示，截至 2016 年 12 月，中国网民规模已经达到了 7.31 亿，互联网普及率为 53.2%，其中手机网民达到了 6.95 亿，占比高达 95.1%。手机已成为第一大上网终端设备。这一数据无疑为计划拓展移动端业务的在线教育机构打了一针"强心剂"，也让未来的教育方式变革创新增加了无限的想象空间，可以预见：不久的将来，手机等移动终端必将成为在线教育行业竞争最为激烈的领域。

好未来在线教育旗下的"E 度教育网"于 2014 年 8 月 1 日更名为"家长帮"。"家长帮"希望通过更名更清晰地表现出其"服务家长"的品牌特征，而更名的背后更大的意义则是产品升级。家长帮总经理李正堂介绍："更名后，家长帮不仅仅在 PC 端服务 K12 领域的家长，触角还将延伸到移动端，利用移动端的精准到达、订阅、分享等优势来升级产品，让用户觉得更方便，更有帮助。"

四、积极布局教育 O2O

互联网改变传统教育的速度，远远超出人们的想象。学大教育 CEO 金鑫也认同这一观点，他认为："在线教育有很多种方向、有很多种路径，选择哪种路径还要根据自己的业务特点来决定，而不是简单地去模仿、去复制。"

传统教育培训机构的核心竞争力在于"师资、课程"，很多教育机构都期望找到合适的路径，把传统教育机构的优势融入在线教育，然后通过在线教育把业务引入线下付费教育，实现线上线下的良性互动，从而让业务拓展变得事半功倍。在很多人还在固执地认为传统教育机构只懂得在网上销售视频课程的时候，一些锐意改革的教育培训机构已经开启了教育 O2O 的尝试。

2014 年 3 月 20 日，学大教育旗下的在线教育网站 e 学大上线，学大教育开始了教育 O2O 的尝试。e 学大拥有个性化的智能辅导系统，这一系统不仅涵盖 12 个年级的 8000 个知识点、50 万题库和 2 万个微课程，还具备错题本、题库、视频学习等多种功能。这些教学内容受到了学生的普遍欢迎，具有很强的用户黏性，在互联网上有效地提升了学大的品牌知名度和权威性。

这样，e 学大借助网络的力量，开始了其线上线下相融合的教育 O2O 模式。学大教育的在线教育规划是紧紧围绕其主营业务展开的，利用教育资源的优势来推动其在线教育业务的发展。e 学大将采用 O2O 的模式，整合线上线下资源吸引客户，并引导客户关注 e 学大的付费教育产品。

传统教育机构在教育产品、授课系统和商业模式等领域的创新和变革，令人耳目一新，也为教育机构吸引了更多的在线用户，为教育互联网化的转型提供了动力。互联网为教育机构提供了广阔的创新平台和发展空间，教育机构只有紧紧地围绕客户需求的变化，通过积极的创新和变革，为客户提供更加便捷的教育服务和更加丰富的优质课程，才能赢得在线教育的未来。

第二节　传统教育的延伸——在线教育

对于众多传统产业的互联网化趋势，天使投资人蔡文胜认为，真正能够赢得未来的不是那些只懂互联网不懂传统产业的人，而是那些传统产业中懂互联网的人。传统行业的互联网化，是一种质的提升，而将互联网复制到传统产业，并无核心竞争力可言。很多人认为在线教育属于互联网的新兴产业，但是它必须回归到传统教育，开发出拥有传统教育精髓的产品，才能在在线教育市场上赢得用户。在线教育的核心竞争力是高质量的教育产品，而不是虚拟产品。

一、在线教育隐现的窗口期

新浪教育频道联合尼尔森公司推出的《中国在线教育调查报告》显示，2013年，我国中小学课外辅导行业规模高达 2000 亿元，中国人每年为学英语要花费 300 亿元。如今在线教育对中小学课外辅导行业的参与率已经达到了 39%。进入互联网时代，人们的学习也开始从线下转移到线上。

好未来教育集团 CEO 张邦鑫认为，在线教育实质上是传统教育的一个延伸，而非对传统教育的颠覆。2013 年 8 月，著名的教育培训公司学而思教育集团宣布将使用了 10 年的集团名称"学而思"更名为"好未来"，新集团的愿景是"成为一个用科技与互联网来推动教育进步的公司"，实现传统教育与线上教育的融合。

越来越多的传统教育公司与互联网公司都看中了在线教育市场的前景，纷纷涉足在线教育市场，只不过参与的方式存在差异。总体来看，在线教育的发展势头是好的，越来越多的竞争者，更加证明了用户需求强烈，否则在线教育市场不会吸引这么多的淘金者。如今用户使用在线教育的习惯已经形成，市场不需要花费大力气培育用户的在线教育的使用习惯了，在线教育的窗口期已经隐现。

二、在线教育的根基还是传统教育机构

在在线教育市场上，百度、淘宝等互联网企业，主要是为传统的教育机构提供在线平台，它们与传统教育品牌更多的是合作和融合。传统教育品牌需要互联网企业为它们提供大量流量来转换传统教育的内容，而传统教育品牌则帮助互联网公司拓展其在互联网领域的业务范围。事实上，互联网企业对传统教育公司的需求更多一些，在内容为王的时代，没有内容的平台无异于一个空壳，只有大量的高质量的内容才能让互联网公司在线教育平台吸引众多的用户。

《中国在线教育调查报告》的调查数据显示，学而思网校和新东方网校在中小学在线教育领域的使用率分别名列第一和第二，占有率分别为 28.9% 和 18.3%。从数据中可以看出在在线教育市场占据主导地位的两个品牌都是传统教育公司。

由此可见，在线教育的核心竞争力还是教学质量，而优秀的教学质量则是互联网公司所不具备的优势，只有具备师资优势的传统教育公司才能提供高质量的教学产品。而无论是线上还是线下，真正能够吸引用户的是高质量的教学产品，因此在线教育的根基还是传统教育机构。

三、"烧钱" vs "生钱"

互联网公司运营在线教育平台，首先需要"烧钱"获得大量的用户，在"烧钱"的同时互联网公司对盈利的期盼也会更加迫切。而对传统教育公司而言，在线教育只是传统教育的产业延伸，由于具备教学资源优势，因而产业延伸的成本投入就会少很多，盈利的预期性也更强。公开信息显示，好未来在线教育对好未来集团的营收贡献率为3%~5%，这一比例基本适用于新东方等国内多数教育培训公司。在线教育在传统教育培训公司的整体营收中只占很小的比例，所以传统教育公司开展在线教育的盈利压力会小很多。

互联网开展在线教育是"烧钱"等着"生钱"，而传统教育培训公司则是自身服务的延伸，处境不同决定了二者出发的角度会有较大的差异。互联网公司在推出在线教育产品时，需要更多地考虑收回投资和盈利。像新东方等传统教育公司，则是凭借自身强大的线下教育品牌实力，一个脚印一个脚印发展起来的，强大的教学资源储备使得它们可以布局长远，因而在开展在线教育的初期并不会过多地考虑盈利问题，把自己的内容和品牌做大做强，才是最关键的。

四、颠覆 or 互补

近年来，随着众多在线教育产品的推出和流行，"随时随地，想学就学"成为一种时尚。有的教育行业专家表示，传统教育将会被在线教育颠覆。对此，新东方的创始人俞敏洪却说："传统教育与去电影院看电影有一个共通之处——体验，而这个功能是在线教育无法做到的。"

客观来说，在线教育确实具有一些传统教育不可比拟的优势。在线教育方式非常灵活，使得学习摆脱了时空的局限，学生可以根据自己的情况自由地安排学习进程，可以把一些碎片时间充分利用起来。另外，在线教育提供的课程也更加丰富，学生拥有了更大的选择空间，与传统教育环境中的被动接受不同，学生可以通过在线教育主动选择适合自己的教育产品。

由此，有很多人推想，今后随着科学技术的不断进步和科技产品的进一步普及，在线教育将会彻底地颠覆传统教育，到那时传统的学校将会消失，老师则会失业。事实上，除了在线教育，在历史上新技术对传统教育带来的冲击还有很多。以印刷术为例，印刷术作为一种新技术的出现，使得图书的生产成本大大降低，图书从此变得唾手可得，图书馆藏书也变得更加丰富，但印刷术并没有颠覆传统教育，反而对传统教育的发展起到了极大的推动作用，并让图书成为传统教育的重要元素。

在线教育也是如此，因为教育并不是单纯地传递知识，传统学校中的师生互动具有在线教育无法替代的巨大价值。学校教育在授课之外，还能够鼓励、安慰、启发学生，分享学生的情感，让学生感受到老师、同学、班集体和学校的关怀与温暖，这些对学生的心智发展都是非常重要的，而这些都是在线教育很难实现的。另外，学生在传统的实体学校中不仅可以系统地学习文化知识，还能够在与老师和同学的互动中，形成社会化的关系，这种社会化关系对每个人而言都具有巨大的潜在价值，学生在与老师和同学的交往中产生的真实的、深厚的师生情和同学情会让人终生受用，并且同学和校友关系也是非常重要的社会资源，而在网校里形成的社会化关系则要弱很多。

因此，在线教育将会成为传统教育的重要补充，不会颠覆传统教育。学校教育可以通过与在线教育的融合，克服传统教育的时空局限，提高授课方式的灵活性，还可以针对不同的学生开设有个性化的课程，真正实现因材施教。在线教育与传统教育并非水火不容，而是相得益彰，二者的融合必然会推动教育的大发展。

第三节　在线教育市场

在线教育市场在近两年中得到了迅猛的发展，也获得了 BAT 互联网巨头的热烈追捧。一路飘红的概念股印证着在线教育的发展前景被市场各方所看好。安信证券曾预言，国内在线教育市场将继续扩大规模，并且在未来几年中，在线教育还会获得新的发展机遇。可见，在线教育市场正在酝酿开启一场新变局。

一、各路资本抢滩在线教育

当今社会，教育伴随人的终身，从早期教育、基础教育到高等教育，从课外辅导、少儿英语到职业教育、出国留学，教育已经贯穿了我们人生的每个阶段。并且，在信息化技术爆发式发展的趋势下，特别是从互联网到移动互联网，已经颠覆和改变了许多的行业及领域，而教育领域同样如此。在线教育即 E-Learning，顾名思义，是以网络为介质的教学方式，通过信息科技和互联网技术进行内容传播和快速学习。在线教育创造了跨越时间和空间的生活、工作和学习方式，使知识获取的方式变得更加多元化和个性化。因此，教育和互联网的结合是未来发展的必然趋势。

（一）资本助推在线教育

教育领域是近几年来为数不多的，还未被互联网所变革的传统行业。自 2013 年起，在线教育便成为教育或非教育机构纷纷探索的领域，同时也是股权投资最为青睐的细分领域之一。以麦奇教育、慧科教育为代表的在线教育创业公司在 2014 年一季度中拿到了过亿元人民币的融资。与此同时，在线领域中的行业翘楚——智课网、一起作业网、梯子网等机构，也正在向亿级 A 轮融资进军。目前，投资人跟市场十分认可在线教育领域中的一些优秀公司的内容和模式，这给这些企业带来了发展的良机。

百度在线教育将目前的在线教育分为四大类：以学而思、新东方在线为代表的课件提供商；以考研网、中华会计网为代表的内容提供商；以淘宝网为代表的工具提供商，为在线教育提供视频点播等工具；做流量分发的中间页渠道商，如决胜网等。

仅 2014 年一季度，在线教育的投资额就已经达到 5.3 亿美元，投资事件共 82 起。随着在线教育市场的逐渐扩大，也吸引了许多跨界者跃跃欲试。新华网是继人民网之后进军 A 股市场的一支大军。新华网的招股书表明，在云平台建设与大数据分析所募集的 15 亿元资金中，将有 1 亿元投向在线教育。

根据招股书披露，新华网对在线教育的规划包括技术支持、课程服务、教育咨询以及增值业务四个方面。技术支持属于硬件建设，包括学习平台的构建与租用；课程服务中，包含深度观察、行业知识等课程；教育咨询中含有培训体系设计、混合式学习设计与实施等业务；而在此基础上则衍生出了包括学分教育以及职业认证等项目的增值服务。

不仅仅是新华网，一大批知名机构的涌入，使在线教育的发展迎来了高峰期。如鹏博士、海伦钢琴、中兴集团、大连控股、西安饮食等机构，它们几乎没有任何一项业务与在线教育沾边，但作为跨界者，这些机构都在以独特的方式联手在线教育展开全新的业务。比如，鹏博士与巨人教育共同构建在线教学平台，而海伦钢琴则主攻素质教育。

（二）商业模式有待探索

平台与内容是目前在线教育最主要的两种形式。而就商业模式而言，尽管在线教育的发展势头很猛，但盈利模式并不清晰，目前大多以互联网模式下的广告费、课程费、平台分成三种形式为主。

淘宝网、YY 是比较有代表性的平台商，其中淘宝最为典型。与电商模式类似，淘宝在线教育策划的盈利方式是为店家提供某种增值服务，如流量分析与宣传等，但淘宝本身并不参与平台的分成。

再以 YY 为例，YY 频道也是一家成功的平台商，它的盈利主要来自 YY 音乐的付费用户，而在教育方面的盈利还只是零。YY 最开始并没有将教育作为重点运作的领域，是从用户发现了 YY 语言模式之后，自发进行课程教育，教育频道才逐渐单独在 YY 上发展起来。

以 App 形式提供的教育课程，是内容提供商最为普遍的形式。其内容包含视频录制、直播、智能软件等，提供视频是其最基本的形式。

搭建平台是大多数即将迈入在线教育领域的跨界者最为基本的介入方式。新华网的规划十分明确，构建"学习平台搭建""学习平台租用"的整体布局。其他机构如以电信业务为主营业务的上市公司鹏博士，则与巨人教育合作，创办"空中万人云课堂"，打造多屏合一、直播、点播、互动的教育全平台。而海伦钢琴则期冀由钢琴制造向艺术培训领域拓展，成立艺术培训公司，进军在线钢琴教育市场。这些构想都充分融合了云平台与大数据的理念。

从现状来看，传统的教育盈利模式并没有太大的变化。许多线下教育提供商通过打造线上电商模式来开拓在线教育服务，在线教育的盈利模式依然有待开发。除此之外，在线教育平台在资本方面也需要有较强的造血能力。利用在线教育平台，决胜网为供应商吸引流量，在线上实现产品与服务的变现，而在线下实现产品与服务的供应。

O2O可以使在线教育的盈利模式更加明确，正如学大教育CEO金鑫所说，闭环是移动教育产业产生规模性收入的关键要素。所谓闭环，指的就是在O2O的模式之下，将传统资源与互联网相对接的个性化教育。

此外，K12也是在线教育机构主攻的领域。因其可观的利润，K12深得投资界的青睐，2014年以来，包括一起作业、快乐学、爱考拉、学霸君、学习宝的一大批K12领域的杰出企业获得投资。"K12有大量的刚需，是今年被挖掘的最具盈利潜力的教育服务，不过目前K12领域还是受传统机构所掌控，因此创业机构的未来尚不明朗。"易观分析师王梦寅这样认为。

（三）未来年增长率达100%

数据显示，目前，在线教育的产业规模高达3000亿元。如果按照年龄段来划分，教育可分为学前教育、K12（基础教育）和成人教育三个阶段。其中，成人教育在在线教育领域发展得最为迅速。职业教育、外语培训和兴趣教育是成人教育中的三大细分领域。以职业教育为主要业务的正保远程教育、达内科技已经成功在美上市，表明职业教育的在线教育已经发展得相当成熟。

2014年以来，随着政府对职业教育改革的重视，改革的潜力凸显，政策的红利为在线教育的发展带来新的发展机遇。从现状来看，国内优质的教育资源依旧严重稀缺，涨势猛烈的学区房以及高昂的名校赞助费就是佐证。二、三线城市以及边远地区的乡村因为教育资源的匮乏，对优秀的教育资源十分渴求。从这个角度可以预测，未来的在线教育市场将迅速扩张，内容跟产品也会更加丰富；与此同时，行业内会出现一些寡头企业。在供小于求的形势下，在线教育会由目前仅仅提供初级产品，过渡到生产组合出各类教育的衍生新品。

从文化背景来看，西方推崇个性化教育，因而很难诞生较大的培训市场，而在东亚文化下出现大型教育企业的可能性很大。从中国的社会环境来看，中国的教育体制更加倾向于标准化，受教育的人口众多，而中国人相对于西方也更重视教育。因此，中国的在线教育领域极有可能出现一些大型的教育企业和真正专业的集团公司。

虽然极具发展潜力，但是在线教育在发展中也同样遇到了瓶颈。目前在线教育行业并不集中，虽然平台与内容提供商都有机会，但能否出现关键性的创新点决定着在线教育的发展潜力。否则，在线教育将仅仅作为O2O的衍生品，发展的前景并不乐观。举例来说，目前教育产品大都大同小异，没有针对性，并不能满足消费者需求的多样化，产品的同质化需要依靠创新来打破。

以K12教育为例，韩国在这一领域发展得十分不错，这与韩国的家庭教育习惯有关。2000年左右，为阻止教育机构占有学生的课余时间进行培训，韩国政府促使教育部在官方网站上发布了大量优质的教育资源，从而逐渐养成了韩国家庭教育的消费习惯。而在中国，在线教育的用户习惯的培养还需一个漫长的过程，中国的应试教育的标准化水平较高，其教育课程不会成为在线教育发展的阻碍。但有一点，虽然中国的教育规模较大，细分市场的容量却有限，以在线教育规模最大的K12市场而言，学科类型不统一，并且各个地域的教育需求也有很大的差异。

二、BAT三巨头对在线教育市场的布局

随着互联网的发展，百度、阿里巴巴和腾讯这三巨头的战火早已从互联网领域燃至传统领域，零售、金融、医疗、旅游、影视无所不包，作为关系国计民生的教育领域当然也未能避免。BAT在传统行业的运作通常是做闭环服务平台，也就是自己做服务平台和后台支付平台，将其开放给买家和卖家，对教育行业的运作也是如此。BAT推出前端电子课堂和后端课程交易平台，然后一方面寻找授课方进驻平台提供在线课程，另一方面吸引学习者参与课程学习。

（一）百度关键词：流量、搜索、入口

百度对在线教育的布局分为两部分：一部分是传统的平台建设，另一部分是从自身擅长的搜索导流方向推进教育市场。在搜索导流方向，百度推出了教育知心搜索，该页面除了展示搜索结果外，还负责向百度教育页面引流，并且导入的流量基本可以保证其客观性。在平台建设方面，百度在教育网页的基础上推出了服务平台，目前已有很多课程上线，但是百度教育平台尚未完成闭环，用户点击百度教育页面上的课程，会直接跳转到教育机构的页面。

百度教育的建设仍延续百度经典的"搜索+推广"模式。也就是说，百度的在线教育平台也跟教育关键词广告放在一起，通过对教育关键词进行流量留存，进一步掘取其广告价值。随着范围的不断扩大，百度教育平台可承载的内容也将越来越多，这种发展模式对百度和用户都有利。对用户来说，通过百度这一个平台可以解决所有问题，简单方便又高效；对百度来说，用户对平台的依赖性越高，百度对流量入口地占据就越牢固，盈利就越

容易。在投资传课后，百度教育平台也将与传课网进行业务对接，借此补全百度在教育行业的内容短板。届时，百度就可以利用传课网来解决教育平台的线上授课问题，为用户打造个性化的专属学习服务。

（二）阿里巴巴关键词：电商、工具、评价体系

淘宝已经是非常成熟的交易平台和运营平台，因而阿里巴巴可以直接在淘宝售卖课程。然而阿里巴巴不满足于这种低端的玩法，而是在新版的淘宝页面增加了在线教育的系统框架，包括基于淘宝视频的直播和点播，并且将第三方内容及第三方教学工具嵌入点播模块，同时将其与阿里盒子进行了无缝对接。

2013年7月，阿里巴巴推出了旗下在线教育平台淘宝同学，这个平台剔除了所有的线下课程销售业务，而且专注于用户和流量的追求，目的非常明确。同时，阿里巴巴还推出了阿里旺旺淘宝同学版，以此补足了授课工具环节。阿里巴巴完全沿用电商思路打造了这款在线教育平台，专注于平台服务，将淘宝内部的流量导流入进驻平台的教育机构。另外，淘宝同学还沿用淘宝本身的信用评价体系，为用户提供更多的服务保障。

借助淘宝同学，阿里巴巴在BAT中率先完成了平台布局。2014年2月，阿里巴巴又投资了在线英语学习机构麦奇教育。此举将有助于阿里巴巴在平台之外构建自己的内容体系，进一步完善阿里巴巴的电子商务版图。

（三）腾讯关键词：用户、视频、群组

对在线教育业务的开展，腾讯也表现出了相当程度的重视，同时调动了两个团队运营在线教育业务。其中一个团队在腾讯网的腾讯教育频道以精品课为资源平台做录播教育，另一个团队则在腾讯视频的腾讯课堂以QQ群为网络课堂做直播教育。最终，腾讯精品课完成了对QQ群视频直播工具和支付工具的整合，在作为枢纽的腾讯课堂上面实现了腾讯在线教育的完整闭环。

早在2011年，腾讯就开始涉足在线教育，基于QQ的庞大用户基础，腾讯在线教育在起步阶段就拥有其他平台无法匹敌的流量，更可贵的是流量精准，用户黏性极高。在授课工具环节，腾讯通过在QQ2013版本中增加屏幕分享、伴奏播放、影片播放甚至PPT演示功能，完成群视频功能的优化，打造出一个系统的远程教育工具。凭借这个强大的工具，腾讯要做的只剩下在自有的庞大用户群中找出目标用户，将QQ授课发展成一个强大的教育平台。

虽然BAT陆续都进行了在线教育领域的布局，但是由于三巨头携带的基因不同，做出来的平台也就有不同的侧重点。百度的搜索、腾讯的即时通信、阿里巴巴的交易，这些与生俱来的标签同样贴到了旗下教育平台的身上。当然，即便身上携带着这些标签，这些教育平台也同样都是合格的授课平台。

目前在线教育市场还处在初始阶段，没有任何一家机构掌握了这个市场的绝对话语权。在这种情况下，谁掌握了用户资源，谁就抓住了行业先机。在线教育平台和授课工具不仅关系到用户的使用习惯，更与教育机构的转移成本息息相关。教育机构一旦进驻了某个平台，想要再转移平台就会花费大量的资金和资源成本，随着时间的推移，转移平台的成本就会越来越高，因而教育机构只能成为平台生态的组成部分。

（四）BAT市场主导下的教育变革

正如互联网对其他传统产业的颠覆，相信BAT的参与也会给教育行业带来新的变革。未来，教育市场将会发生哪些颠覆性的变化？我们不妨大胆地猜想一下。

1. 授课模式将会消失

基于标准算法、系统模型、数据挖掘、知识库等信息技术，为每一个学习者定制个性化的学习服务，将成为未来在线教育的发展方向。在这个过程中，技术会逐渐承担更多的责任，完成更多的知识传递，学习者对教师授课的依赖会越来越小，最终授课模式将会彻底消失。

2. 教育回归服务本质

教育的本质是对学习者提供的一种服务，未来的教育将逐渐回归服务本质，教育行业的中心由老师转向学习者，教育机构必将以学员为中心，为其提供全方位、个性化、持续的学习服务。

3. 教育平台回归社交本质

教育平台是学习者进行学习的平台，它需要为学习者营造出强烈的学习氛围、强制化的学习状态以及真实有效的互动，它的本质应该是众多学习者的社交平台。未来，教育平台将提供更多的优质课程资源，并且向学习者免费开放，吸引更多的学习者会聚在教育社区平台，盈利方式将通过为学习者提供个性化的增值服务来实现。

4. 在线教育概念消失

未来，所有的教学都将借助云计算、大数据、移动互联网等技术实现，所有的教学过程都在互联网环境下发生，线上与线下只意味着不同的环境和教学手段，即便是线下教育，也离不开互联网的应用，其本质上也是在线教育，所以也就不再有这个概念。

5. 个性化的学习方式出现

通过对用户数据的采集，借助云端大数据的计算和分析，在线教育可以跟踪每一名学习者的学习特点、行为和过程，掌握每一位学习者的优势和短板，从而有针对性地进行更精准的教学，帮助学习者提高学习质量和学习效率，真正实现因材施教，有效促进人才的培养。

6. 优质教育资源平等共享

与传统教育形式相比，在线教育的成本很低，即便是优质的高校教育资源，也能够以相对低廉的成本进行大范围传播，触达世界每个角落的所有人群。从这个意义上来说，在线教育可以大大促进规模性的人才培养，从而增强国力。

7.4A（Anytime、Anywhere、Anybody、Anyway）学习模式的到来

在线教育突破了时空的限制，颠覆了传统教学的形式，人们可以在任意的时间地点进行学习。在互联网大资源里，学习者可以自由选择学习资源，还可以自由选择学习设备。无论是下班等车时用手机学习，还是睡觉之前通过平板学习，或者周末在电视屏幕前观看在线课程都可以成为现实。

8. 教育娱乐化

传统课堂教学模式下，学习材料枯燥无味，老师讲课严肃呆板，导致学习者心不在焉，很多学生沉迷于不断升级打怪的网游。在线教育可以有效改善这种状况，通过精巧的设计将学习过程趣味化，学习像玩游戏一样通过不断的挑战而不断得到即时激励，吸引学习者持续学习。

9. 在线教育实现社会认证

传统教育下，在结束相应课程的学习并且通过考试之后，学习者会得到社会承认的资格认证，如毕业证书、学位证书以及各种资格证书等。在线教育尚不能做到这一点，这也是在线教育的硬伤。未来，在线教育的学习者也能够在完成相关学习任务之后得到相应的资格认证，并且这种认证能够被社会认可。

10. 互联网解构与重构学习模式与教育体系

在线教育是在互联网上做教育，最基础的行业形态是将传统教育搬到互联网上，高级一点的形态则是将二者进行更为有机的结合，充分发挥互联网的优势改善教育模式。未来，互联网教育可能实现传统学习模式与教育体制的解构，彻底颠覆几千年来以教师为中心的授课模式，重新制定一套以学习者为中心的教学互动模式。

第三章　高等教育改革及其信息化发展

进入 21 世纪后,"信息""信息时代""信息化"等词汇充斥于整个社会,可见信息对社会的影响之深、之大。面对世界范围内扑面而来的信息化浪潮,教育系统正面临着严峻的挑战。现代信息技术进入教学,引起了教育系统尤其是高等教育系统的一系列巨大变化。本章主要对高等教育改革及其信息化发展的基本情况进行研究。

第一节　教育信息化的内涵及实现方法

一、教育信息化的内涵

（一）教育信息化的概念

"教育信息化"这个概念并不算新鲜,早在 20 世纪 90 年代就流行于我国教育界,然而国外很少使用这个概念,如美国使用的是"教育技术",还有的国家使用"信息与通信技术在教育中的应用"来表达和"教育信息化"相类似的含义。目前我国学界也没有统一界定"教育信息化"的概念。随着研究的深入,研究者们从技术的角度理解教育信息化的概念,逐渐转向了个体、观念、组织管理和制度方面,继而发展到系统的组织和机构层面。

教育信息化是针对教育教学过程中对信息的获取、传递、加工、再生和利用而言的,其以信息网络为基础,信息资源是核心,而信息资源和信息技术的广泛应用是目的。当然,信息化作为一个社会过程,必然也要受制于人们的观念、理想、意志、技能以及团体利益、社会组织机构等。因此,教育信息化应与之相应的保障体系和保障机制。

综上所述,本节将教育信息化定义为"将信息与信息技术作为教育系统的一种基本构成要素,并在教育的各个领域广泛地利用信息与信息技术,促进教育的全方位变革与教育现代化的系统工程"。

（二）教育信息化的特点

作为教育现代化过程,教育信息化有以下几方面的特点。

1. 教育信息处理数字化

在现代信息技术的支持下,信息处理只用 1 和 0 两个代码,处理的信息保真度高、存储量大、处理速度快等,处理系统设备简单、性能可靠,而且标准统一。

2. 教育信息传输立体化

在信息技术的软硬件支持下,教育活动时空不受或较少受到限制。通过网络,立体化的教育信息传输,使得全世界的教育资源连成一个信息海洋,网络用户都能使用到这些信息,实现了教育信息资源的共享。

3. 教育信息系统智能化

在多媒体计算机技术中,融入了现代人工智能技术,创立了智能化的教育信息系统,使得教学行为更加人性化,人与设备仪器之间的通信更加自然化,各种繁杂的教学任务实现代理化。

4. 教育信息呈现多媒体化

在多媒体技术的支持下,单一表征信息的媒体可以被整合起来,不但有文字、图片、声音,还有动画、录像、模拟等景象,使得教学内容更加生动化、形象化,更加吸引学生,调动学生的学习积极性。

5. 学生地位主体化

现代社会,学生主体观念深入人心,教育信息系统的智能化、信息呈现多媒体化和信息可扩充化等,使学生不再被动地学习,而通过类似超文本、超媒体之类的电子教材和其他手段、工具就可以积极主动地建构知识,还可以与同伴或教师开展协商学习。

此外,教育信息化还呈现出教育资源全球化、教学个性化、管理自动化、教学环境虚拟化等特点。

(三)教育信息化的发展历史

1. 国外教育信息化的发展历史

国外的教育信息化发展有着较长的历史,这里主要以美国、欧洲国家、日本为例进行阐述。

(1)美国教育信息化的发展历史。美国教育信息化最早可追溯到 1993 年提出的"国家信息基础设施"的计划(简称 NII 计划,全称是 National Information Infrastructure),俗称"信息高速公路",目的是推广信息技术在教育工作中的广泛应用。

1996 年,美国政府提出,要在 2000 年以前让所有的学校、教室、图书馆都能够连到 Internet,让每一个青少年都学会使用网络,让每一个成年的美国公民都能进行终身学习,让师生都学会使用多媒体计算机,让有效的软件和在线学习资源都成为学校课程的重要部分。

1996 年,美国与国际互联网连通的中小学校已占全国中小学总数的 65%,大学生课程的载体、教学方法都不同程度地使用了多媒体技术的硬件、软件。

在高等教育领域，美国高校信息化问题要比 NII 计划更早被提出。21 世纪的美国信息技术教育在 20 世纪 90 年代发展的基础上朝更高的目标发展，2002 年，ACCS（Asian Campus Computing Survey）项目的统计数据显示，美国已建成校园局域网并接入互联网的比例都已达到 99.4%。研究表明，目前美国高校教学信息化的建设主要集中于推广使用信息技术工具和手段，推行在线教学，加强师生的信息技能培训，制定教学信息化政策等。

（2）欧洲国家教育信息化的发展历史。欧洲国家教育信息化发展也很早，只是各国的教育信息化程度有所不同。20 世纪 80 年代早期，欧洲各国就曾积极将计算机推广到校园中，但因缺乏相应的配合措施而成效不明显。20 世纪 90 年代中期，欧盟就有关教育信息化问题推出了一系列计划，欧盟各国也纷纷制订了各自的学校信息化发展计划。这些措施和计划对欧洲的教育信息化进程起到了很大的推动作用。

英国的信息技术教育起步早。早在 1978 年，英国就提出了促进在学校教育中运用计算机等微电子技术的计划。1995 年 10 月，英国提出了"英国网络年"的五年计划，保证拨款 1.6 亿美元用于所有中小学（3.2 万所）的国际互联网联网工作。1996 年，英国国家课程中出现了"信息技术"教育课程。1997 年 2 月，英国政府提供 100 万英镑用于为 1 500 名中小学教师每人配备一台多媒体计算机，并实现联网。1998 年 1 月，英国开始实施学校电子邮件计划，并根据一个四年规划开始建立全国性学习网络。从 1998—2000 年，英国小学、中学、特殊学校已不同程度地实现了教育信息化。英国政府还规定到 2002 年，学校中每 4 名学生要有 1 台计算机。

在高等教育领域，早在 1971 年，英国开放大学录取首批学生，运用信息与通信技术进行教学。1989 年，英国开始筹备实施"计算机用于教学创新"的计划，旨在运用计算机、多媒体与远程通信技术对高等院校所有学科就教学内容、教学模式和组织形式进行彻底的变革。2003 年，英国剑桥等 12 所大学、政府相关部门和私人企业联合组成网上大学全球网络，于当年春季开始设立互联网教育课程，并面向世界各地招生。

（3）日本教育信息化的发展历史。20 世纪 80 年代初，由于数据库和信息网络的迅速发展，日本以全国各大学图书馆和计算机中心为主体，成立了一个学术信息网络——学术情报中心，为信息的流通提供了极为有利的条件。之后，日本把扩大科学技术信息的国际交流作为今后信息政策的三大重点之一，试图建立多媒体信息网。1990 年，日本文部省提出要在 9 年内为本国所有学校都配备上多媒体硬件和软件，并对教师进行相关培训，推广先进技术在教育中的应用。1994 年，日本建立了百校联网工程，目的是让中小学生了解、学会使用国际互联网。1995 年，日本文部省和通产省在基础教育领域联合推出了"100 所中小学联网"试验研究项目，项目要求所有实验学校均利用计算机系统进入互联网，以探索一种全新的教学模式，通过网络为师生创造一种交互式的学习环境。

1996年，日本把培养学生"生存能力"作为21世纪教育发展的目标。从信息化社会发展的角度看，"生存能力"是分析问题和解决问题的素质和能力。

1998年12月，日本政府又提出了"教育信息化计划"，提出了"儿童变化""授课变化"和"学校变化"等目标。这些目标旨在提高青少年的计算机素养，并借助学校中日常性的计算机的应用，从根本上变革授课的形态；在管理模式方面以学校、家庭、社区间的相互协作为主。

1999年12月，日本政府制定了《教育信息化实施计划》("新千年计划")，其中提出到2005年，日本所有中小学所有科目都要实现计算机和互联网授课。为此，2000年度拨款119亿日元用于教育信息化。

2001年，日本IT战略本部制定了"e-Japan战略"，提出了信息化的日本社会远景目标：提高整个民族的信息素养；加强国民教育的信息技术教育及应用；培养信息技术工程师与研究人员。

2005年，日本在《关于推进中小学信息教育的建议》报告中提出：在小学高年级、初中设置新教学科目"信息"；整理并充实高中教学科目"信息"的教育内容，增加修读的学分数；国家中心考试、各大学入学考试都要增加"信息"这个科目。

日本的信息化程度非常高，据统计，2008年日本电脑普及率达55%，居世界第二位。根据2012年日本文部科学省的调查结果，"截止到2012年，日本全国中小学校中，学校办公电脑使用率达102.7%"。

总而言之，当今世界正处于向全球信息化过渡的时代，世界各国都为实现教育信息化而采取相应的教育信息化战略新举措，并互相取长补短。

2. 我国教育信息化的发展历史

1994年，我国开始拨专款用于教育科研网建设。1998年，国家开始兴办网上大学。1999年6月，中共中央、国务院《关于深化教育改革全面推进素质教育的决定》就信息技术教育、推进教育信息化方面提出，让学生学会使用网络。同年，国家教育部批准了67所高校开展现代远程教育试点工作。2000年，教育部还下达了《关于在中小学实施"校校通"工程的通知》，计划在2005年前东西部地区的中小学都要不同程度联网，计划在2010年前，让全国90%以上独立建制的中小学校都能上网。2001年，中央广播电视大学和44所省级电大参与了1999年开始的现代远程教育试点，全国66所普通高等学校成立了网络教育学院，并设立相应的现代远程教育校外学习中心（点）。2001年，我国发布《教育信息化十五发展纲要》。教育部为了推动教育信息化的均衡发展，2003年实施农村中小学现代远程教育工程。据中国ICT产业权威的市场研究和咨询机构——计世资讯统计，2003年，我国在教育信息化上的投资达到226.8亿元人民币。从2006年高等学校科技工作会议上获悉：我国超过90%的高校、35%的中等职业学校、38 000多所中小学基本建成校园网。高校总数

· 43 ·

10%~15% 的校园网上，还开展了远程教学、数字图书馆、网络课程和教学资源开发等应用项目，开始向数字化校园方向发展。2012 年教育部发布《教育信息化十年发展规划（2011—2020 年）》以来，以"三通两平台"为主要标志的各项教育信息化工作取得了突破性进展。全国中小学校互联网接入率已达 87%，多媒体教室普及率达 80%。

（四）教育信息化的理论基础

1. 学习理论

学习理论从巴甫洛夫的经典性条件反射学说开始，已经历了 100 多年的发展历程，其间有学者从不同的角度不断对其进行诠释与完善，从而形成了众多流派，其中影响较大的有行为主义学习理论、认知主义学习理论和建构主义学习理论等。同时，这些理论在形成与发展的过程中，对学校的教育教学活动产生了重要影响，是教育信息化的重要理论基础。

行为主义学习理论出现于 20 世纪初，对外部环境的作用是非常重视的，并着重强调了"强化"在刺激—反应过程中的重要作用。行为主义学习理论的代表人物有巴甫洛夫、华生、桑代克、斯金纳和班杜拉，他们都形成了独具特色的行为主义学习理论。在行为主义学习理论中，对现代信息技术教育具有重要影响的主要是斯金纳的操作性条件反射理论，而且在当前，斯金纳的程序教学和机器教学原理已经在计算机辅助教学中得到了广泛的运用。

认知主义学习理论认为，学习并不是机械的、被动的"刺激—反应"的连接，而是建立和组织认知结构的过程，即利用外来的刺激将新知识同化到原有的认知结构中。认知主义学习理论是从格式塔心理学起源的，代表性的人物有魏特海默、科勒、托尔曼、布鲁纳、奥苏贝尔和加涅等。

建构主义又称结构主义，这一理论认为学习是学习者进行知识结构建构的过程，学习者需要进行合作学习，教师是学生学习的合作者和促进者。在建构主义学习理论的影响下，目前已经开发出的教学方法有支架式教学、随机进入教学和抛锚式教学，其中以支架式教学的影响最大。建构主义学习理论的出现，极大地促进了以多媒体技术为基础的计算机辅助教学和网络教学的发展。同时，建构主义教学理论对师生、生生间相互作用、合作学习的重视，促进了基于网络的协作学习的发展。

2. 传播理论

传播理论是现代信息技术教育的一个重要理论基础，其中的教育传播对现代信息技术教育的发展更是有着重要的指导意义。教育传播要获得好的效果，就必须遵循一些原理，具体来说有以下几个。

（1）信息来源原理。一般情况下，权威之人或是有信誉之人所说的话更容易被人们所接受，因此教育传播的效果与资料来源有着密切的关系。在教育传播中，作为教育信息重要来源的教师，要切实树立起自己的良好形象，以便被学生所认可和接受，同时要尽可能保证教学中所用的相关资料都有正确、真实、可靠的来源。

（2）重复作用原理。通常情况下，人们很难一次就记住所有需要记住的东西，而是需要不断对其进行重复。所谓重复作用，就是在不同的场合或用不同的方式对同一个概念进行重复呈现。

（3）共同经验原理。教育传播从本质上来说就是传递与交换信息，而教育者和学生只有具有共同的经验范围，才能保证教育传播有良好的效果。

（4）抽象层次原理。相关研究表明，符号具有越高的抽象层次，越能简明地对更多的具体意义进行表达，但对其理解时也很容易产生误会。因此，在教育传播中，要保证各种信息符号的抽象程度在学生能够明白的范围之内。

教育传播并不是静态的，而是动态的，且是一个连续的过程。一般而言，一个完整的教育传播过程包括确定信息、选择媒体、通道传送、接收与解释、评价与反馈、调整再传送等环节。

在计算机和信息技术快速发展的现代社会，教育传播理论的产生与发展极大地促进了以计算机网络等为载体的远程教育的发展。在当前，远程教育的发展速度不断加快、规模不断扩大，并日益成为学校进行教学以及人们进行学习的重要方式。

3. 教学理论

教学理论主要关心的问题是：怎样教？这也是教学理论的核心问题。但教无定法，每个教师不能期待教学理论对他们的教学起到万能的作用，教学理论唯一能够给每个教师提供的就是教学的理念和框架。教学理论主要有斯金纳的程序教学理论、奥苏伯尔的有意义接受学习理论、布鲁纳的认知发现教学理论。

斯金纳程序教学理论的基本思想是：对学生的正确学习结果必须给以及时的强化，这样可以鼓励学生继续学习下去。程序教学中的机器教学是计算机辅助教学应用的前身，深刻地影响了计算机辅助教学的产生和发展。斯金纳的程序教学开创了基于技术的个别化学习的局面，为当今信息技术条件下的课程教学提供了可以借鉴和研究的实例。

奥苏伯尔认为，学生的学习，如果要有价值的话，应该尽可能地有意义。接受学习如果是有意义的，就是有意义地接受学习。要使接受性的学习有意义，必须符合有意义学习的条件。因此，学生的有意义学习也是一个主动的过程，这可以促使教师在教学中避免传统接受教学中的"满堂灌"的做法，代之以少而精的讲授。这些都有利于学生掌握丰富完整的知识体系。

布鲁纳认为，学生的心智发展，虽然有些受环境的影响，但主要是遵循他自己特有的认知结构。教学就是帮助学生认知的生长。教师的任务，就是要把知识转换为一种适应正在发展着的学生的某种心智形式。布鲁纳的教学论思想为学前教育、学龄初期教育的研究和改革提供了依据，开拓了思路。但是，他的"任何学科基础知识可以教给任何年龄的学生"的假设，由于缺乏令人信服的实验和实例支持而成了留给教育家研究的一个重大的课题。

二、教育信息化的实现方法

（一）信息素质的获取

由于信息素质不是与生俱来的，是经过培训和教育获取的，所以信息素质教育是信息消费者获取信息素质的主要途径。信息素质教育解决了信息消费者获取信息消费理论与方法的问题，但理论与方法最终要用到实践中，在实践中得到检验。信息素质教育首先在美国兴起，因为美国是信息生产和消费大国。美国是世界上最大的信息生产国家，同时又是世界上最大的信息消费国家，国民的信息素质教育就显得尤其重要。

1. 学生信息素质的获取

一般来说，可以通过以下途径来培养、提高学生的信息素质。

（1）一般教学过程信息素质培养。第一，重视信息意识和信息观念的培养。这是培养学生信息素质的关键。要解决这一问题，应从两个方面着手：一是要提高教师的信息意识和信息观念，并以此影响学生的学习，让学生逐步摆脱对教师面授辅导的依赖；二是要提高学生的信息意识和信息观念，只有解决了学生的信息意识和信息观念问题，才能从根本上解决目前教学过程中学生对教师的依赖性，转而依靠多种媒体教材、网上教学资源开展自主学习。

第二，加强对学生信息技术的培养。随着信息技术的发展，世界上几乎所有的国家都开设了信息技术方面的课程。专门开设信息技术课程是培养学生信息素质的主要途径。

第三，创造良好的条件和环境。要着力创造条件以培养学生获取信息、利用信息、创新信息的能力。此外，还须加大资金的投入，提供信息化教育所需的、起码的物质基础。

（2）文献检索教学。文献信息检索课程的培养目标是提高大学生获取信息以及应用信息技术的能力，课程内容注重信息技术的运用尤其是利用计算机网络获取文献信息资源的途径和方法，课程的方向是网络教学。以素质教育为目标的文献信息检索课程将成为素质教育的重要手段。

首先，单独作为一门课程。文献信息检索课程将与信息素质教育有关内容以课程形式，由教师讲授并指导实践。教师应在教学活动中要求学生掌握相应的应用技术和技能，以便能解决实际问题。

其次，在专业课中加入信息素质的内容。将学科内容与信息技术相结合，通过学习掌握本学科领域的信息源、信息评估标准等。教师还可以结合实际，以学科信息的获取、处理加工、交流传递和利用为出发点来培养学生的信息意识。

最后，作为图书馆读者培训的一部分，通过图书馆馆员讲座、培训、一对一辅导等形式开展。这种方法的优点是图书馆馆员有较高的主动性，可以按照自己的经验设计程序，可以得到第一手学生信息能力的数据。

（3）实践中自学。除了可以从一般教学过程和文献检索教学中获取信息素质之外，大学生还可以通过实践中自学的方式获取信息素质。因为在一般教学过程和文献检索教学中获取了一定信息素质之后，如果没有从事过信息检索的实践活动，那么，获取的信息素质仅仅是理论上的知识，没有实践经验的积累，学生依然很难检索到实际需要的信息和知识。

2. 教师信息素质的获取

教师具体应具备的信息素质包括有强烈的信息意识，对信息有较强的敏感度，能够有效地吸收、存储、快速提取和发送信息，能准确、高效地解读信息和批判性地评价信息，能对相关信息进行有效整合，有较强的信息道德意识和信息安全意识、外语知识。

教育信息化的关键是教师信息素质的提高。而加强教师信息技术培训则是提高学校教师信息素养的必由之路。政府不仅重视设备、资源的信息化，更重视教育思想、教学方法和教学理念的更新，把教师信息技术的培训作为教育现代化的一个重点工作来抓，使广大教师能够真正在现代教育观念下使用现代教育手段和教育资源来进行教学，革新教学模式，从而成为教育改革的切入点。

（二）建设校园网

1. 校园"信息化"为提高学生信息素质提供良好的环境

校园信息化是指以校园网为背景的集教学、管理、娱乐为一体的新型信息化的工作、学习和生活环境。在校园中，无论教师还是学生，使用网络更加便利，时时处处感受到信息社会带给他们的学习、生活上的方便。校园信息化的突出特点体现在三个方面：网络化、智能化以及个性化。随着信息技术的迅速发展与广泛应用，校园网作为数字空间中学校与外界沟通的窗口，已逐步成为学校在虚拟电子世界中的地位和形象的重要代表。通过校园网，不仅能够及时地向社会展示学校的教学、科研和社会服务等方面的最新成果，有利于外界对学校的了解，还可以促进教育信息化的实现。

2. 建设校园网是校园"信息化"的基础

所谓校园网就是利用先进的技术构建安全、可靠、便捷的信息传输线路，规划综合管理系统的网络应用环境；利用全面的校园网络管理软件、网络教学软件为学校提供教学、管理、决策三个不同层次所需求的数据、信息和知识的覆盖全校管理机构和教学机构的基于Internet/Intranet技术的大型网络系统。建立适应多媒体教学所需要的宽带多媒体校园网。信息化校园可实现学校的现代化管理，通过校园教育信息管理系统，实现信息资源的高度共享，实现校园管理现代化，实现全校的教学、财务、设备及学生的统一管理。

（三）多媒体课件教学

多媒体课件就是利用计算机将教学所需要的文本、图像、动画、声音、视频等多媒体信息按照一定的教学策略、教学方式组合而成的教学程序，它是一项复杂的系统工程。运用计算机作为信息储存设备和课件制作平台，利用网络系统及计算机辅助设备（如扫描仪、数码照相机等）收集大量信息，有助于教师有意识地精选课堂内容，突出重点，节省学时。一个好的多媒体课件，能使学生的联想思维活跃起来，在开阔思路、活跃思维、锻炼分析能力和判断能力以及提高教学效益、学习质量、智能发展、教与学的关系融洽等方面都具有突出的优势。课件的设计包含很多方面，如课件的提出、课件的制作分析、课件流程的设计、课件的编码（具体制作）、课件的测试、课件的修改维护等。对此，后文中有详述，此处就不再赘述。

第二节　教育信息化与教育改革

一、信息技术环境下的教育信息化

信息化是将信息构成某一系统、某一领域的基本要素，并对该系统、该领域中信息的生成、分析、处理、传递和利用所进行的有意义活动的总称。对信息的生成、分析、处理、传递和利用被称为信息技术。所谓教育信息化，是指将信息作为教育系统的一种基本的构成要素，并在教育的各个领域广泛地应用信息技术，促进教育现代化的过程。

关于教育信息化的概念，当今学术界还没有一个统一的观点。由于学者们的研究角度不同，其对于教育信息化的定义也各不相同，可谓见仁见智，众说纷纭。

二、信息技术对传统教育的革新

现代信息技术运用于教育领域，对"读、写、算"这一传统教育的"三大基石"产生了巨大冲击，导致传统教育教学从内容到形式都发生了新的变化，具体表现为以下几个方面。

（一）教育形式开放化

在现代信息技术支持下，特别是网络技术的发展和广泛使用，大大扩展了教育资源的使用范围和利用率，而且可以打破教育资源的时空限制，打破传统单一的面对面的教学形式，使远程教育成为现代教育的一个重要组成部分。

（二）教育资源共享化

现代教学中，教学内容和资源不仅以多媒体形式存在，而且大量内容和资源经数字化后贮存。数字化资源的共享不再局限于小范围，而是在更广泛的范围内共享，甚至实现全球资源共享。

（三）教育手段多样化

利用现代信息技术，教学活动可采用多种教学方式，如采用多媒体课件教学和自学、投影教学、利用网络进行远程教学等。这些教学形式和手段主要是根据教学内容选择，从文字、图表、动画、声音等多个角度去刺激学生，加深学生对新理论、新知识、新观点的理解、记忆、思考和掌握，最大限度地调动学生的求学、求知兴趣，激发其学习的积极性、主动性和创造性，促进学生综合素质的全面提高。

（四）教育内容多元化

信息技术在教育中的应用，给传统教育内容的结构带来了强大的冲击，这主要表现在以下几方面。

首先，强调知识内在联系、基本理论，与真实世界相关的教育内容变得越来越重要，而大量脱离实际、简单的知识传授和技术培训的内容则成为一种冗余和障碍。

其次，教育内容的表现形式发生了很大变化，即由原来的文本性、线性结构形式变为多媒化、超链接结构形式。在信息技术的支持下，教学内容以及教学资料可以采用文字、图像、声音、视频、动画等媒体形式存在。

最后，现代教育技术能以最快的速度、最准确的信息、最灵活的方式和最佳的效果更新教学内容，使教学内容始终保持科学性、新颖性、系统性和综合性等特点，以适应培养高素质人才的需要。

（五）教育过程个性化

首先，在现代信息技术支持下的教学中，教师在组织教学时呈现出个性化的特点，教师可以根据教学内容、教学对象、个人的习惯和技能等选择有个性的教学方法。

其次，现代信息技术为学生的自主学习提供物质条件和技术保障。在教学过程中，学生可以根据自己的学习情况和需求，决定学习的内容及其顺序，决定学习的次数，学生成为学习的主人。学生的学习具有鲜明的自主性和个性。

（六）管理模式丰富化

信息技术的崛起对传统的教育管理模式发起了挑战。如果说传统的教育管理（特别是学校管理）是在校园的四角天空中进行的话，那么信息社会的教育管理就超越了时空的限制，而在信息可以到达的领域任意驰骋。信息的共享性给教育管理带来了无限生机，可以由无到有，由少到多，由单一到多样，由落后到先进。可以说，管理者需要了解什么样的理念、方法、策略、变化趋势等，都可以从网上获得。同时，管理者面对的被管理者也同样具有这种机遇。管理内容的丰富性、价值标准的多元性、传播渠道的多样性、信息的质和量的变动性等，要求教育管理变得更具有专业性、灵敏性和技术性。

此外，由于计算机的使用以及网络的实现，信息不再具有独占性，信息的流动性急剧增强。这使得学校行政管理工作一方面要加强保密工作，另一方面又得考虑如何利用信息技术产品来传播自己想要传播的信息。人们获取信息的途径增多，学校工作的透明度加大、规范性增强，这也必然要求学校行政管理人员改变自己的管理态度与管理方式，从而增强工作程序的规范性与工作方式的民主性。

三、信息技术环境下教育改革的注意事项

教育信息化虽然展示了未来教育的美好前景，但是我们必须清醒地认识到，信息技术的应用不会自然而然地创造教育奇迹，它可以被用于促进教育革新，也可以被用于强化传统教育，因为任何技术的社会作用都取决于它的使用者。笔者的观点是，教育技术变了，教学方法也得相应变革，而教学方法的选择是由教师的教育观念所支配的。如果说信息技术是威力巨大的"魔杖"，那么教师就是操纵这个魔杖的"魔术师"。因此，对我国广大教师来说，面临汹涌而来的教育信息化浪潮，认清教育改革的大方向，从战略高度来理解教育信息化的重要意义是十分必要的。

现代信息技术为教育革新带来了很多可能。但是我们也应该清醒地看到，教育信息化也给教育带来了严峻的挑战，甚至隐藏着可怕的风险。近年来，我国在教育信息技术方面的投入很大，如何让这些投入真正发挥作用，让信息技术在教学过程中得到有效的使用，为此，应该注意以下几点。

第一，防止将信息技术设备空置不用，尽量让广大教师和学生多使用已有的设备。大家都知道，现代信息技术设备不比古董家具，如果不用它们，原封不动地放在那儿，几年以后就会成为一堆过时的废物。所以，学校要采取鼓励性、开放性的措施，让师生多使用信息技术设备。

第二，避免信息技术的盲目滥用。信息技术的最大教育价值在于使学生获得学习上的自由，变被动的接受式学习为主动的探索式学习。如果一味地采取传统的灌输式教学，只是将电脑作为"电灌"的工具，不仅很难发挥新技术的特长，还可能造成适得其反的效果。要解决这个问题，很大程度上与教师培训相关。国外一些研究报告指出，合理、有效地使用计算机的最大障碍是教师培训的不足。

第三，注意系统的功能性开发。这需要加大应用软件配置、信息资源开发、人员培训方面的投入强度。

四、信息技术环境下教育的新形态——信息化教育

所谓信息化教育，就是在现代教育思想和理论的指导下，主要运用现代信息技术，开发教育资源，优化教育过程，以培养和提高学生信息素养为重要目标的一种新的教育方式。

（一）信息化教育的特征

信息化教育具有如下特征。

1. 以现代教育观念为指导

现代教育观念是在传统教育观念的基础上发展起来的，随着社会需求所决定的教育价值取向的变化，教育观念也随之改变。现代教育观念强调教与学的辩证统一，既重视教师教的作用，也重视学生学的作用。现代教育观念指导下的教学不再停留在封闭式的传授知识和技能上，而是以素质教育为指向，强调创新精神与实践能力的培养。

2. 以新型教学模式为核心

信息化教育以基于现代教育技术构建的新型教学模式为核心。在信息化教育中，学生、教师、教学信息、学习环境等因素相互作用、相互联系，构成一个开放的、系统化的信息化教学模式。在信息化教育的新型教学模式中，学生是整个教育活动的主体，是认知结构的主动建构者，而不是外部刺激的被动接受者和被灌输对象。教学目标的确定、教学过程的设计、教学资源的选择与组合，都是以学生为中心的。

3. 以现代信息技术为支撑

信息化教育必须以现代信息技术为支撑。通过多媒体技术、计算机技术和网络技术，以学习者最容易接受的方式呈现信息，以最快捷的方式传递信息，以最符合人的思维规律和思维习惯的方式处理信息。

4. 以丰富的教育信息资源为基础

信息化教育中，教学资源是关键，特别是利用超文本、超媒体技术建立起的教学内容结构化、动态化、形象化的教育资源尤为重要。

（二）信息化教育的目的

信息化教育以素质教育为最高目标，因而信息化教育的目的是培养面向21世纪、能够参与国际化竞争的人才和具有创新精神及实践能力的劳动者，提高全民族的综合素质，加速弥合与发达国家之间的"数字鸿沟"。

1. 培养学习者的信息素养

信息化教育的首要目标是提高学习者的信息素养。信息化教育中的信息素养目标主要包括信息意识、信息道德与信息法规、信息能力等几个方面。信息化教育应该培养学习者利用信息系统主动获取信息的能力、对信息进行分析和评价的能力、对信息进行处理和运用的能力，并帮助学习者养成良好的信息伦理道德观念。

2. 培养学习者的创新精神与实践能力

首先，信息化教育是以培养人的创新精神和创新能力为基本价值取向的教育。创新性与主体性密不可分，创新精神是主体性体现的最高层次。信息化教育应充分发挥学生的主体作用，通过学生主动的思考、探索、发现、创造，使他们成为现在的学习主人。

其次，信息化教育以现代教育技术为支撑，强调信息技术与学科课程教学的有机融合，强调要把信息技术作为促进学生自主学习的认知工具和情感激励工具，利用信息技术所提供的自主探索、多重交互、合作学习、资源共享等学习环境，把学生的主动性、积极性充分调动起来，使学生的创新思维与实践能力在整合过程中得到有效的锻炼。

3. 培养学习者的自主学习能力与协作学习能力

自主学习能力与协作学习能力的培养也是信息化教育的重要目标之一。信息化教育让学生真正成为学习的主体，让学生积极主动地参与教学活动，并进行学习认识和学习实践活动。

在信息化教育中，现代信息技术的应用改变了学生认识事物的过程，改变了传统的教学模式，能产生由学生控制的非线性的发现式学习环境，更利于学生的自主探索学习，培养自主学习能力。

信息化教育中，现代信息技术，尤其是多媒体和网络通信技术的应用，为实现协作式学习、培养学习者的合作精神与协作能力提供了良好的技术基础和支持环境，大大扩充了协作的范围，有效地推动了学习者协作学习能力的培养。

4. 培养学习者终身学习的能力

在信息化教育中，以网络技术、多媒体技术及计算机技术为代表的信息技术为终身学习理想的实现提供了一个全新的教育平台，终身教育正在由理念变为现实。信息化教育秉承终身学习的理念，不仅要求教师在课程教学中注重学生终身学习能力的培养，教会他们学习的方法和技能，同时也要营造一个宽松、和谐、民主的文化氛围，以利于终身学习的进行。

第三节　教育信息化与高等教育发展

改革开放以来，党和国家始终将教育放在优先发展的战略地位，并促使高等教育充分发挥其在人才培养和科技创新方面的急先锋作用。而高等教育要充分发挥自己的这一作用，必须在发展的过程中紧跟时代步伐，以确保培养的人才符合社会发展需要。自20世纪90年代以来，教育信息化在教育改革领域受到了越来越多的关注，并促使教育改革收到了良好成效。面对这一现状，高等教育在发展的过程中也将教育信息化作为了发展主流。截至目前，高等教育信息化发展既取得了不少成果，也存在一定问题，在未来还需进一步对高等教育信息化的发展路径进行深入探讨。

一、高等教育信息化的发展现状

（一）高等教育信息化取得的成果

就当前而言，高等教育信息化建设取得的成果主要有以下几个。

1. 高等教育信息化的基础设施建设基本到位

在当前，高校信息化基础设施建设获得了长足发展，无论是计算机数量还是网络覆盖情况都有了很大的提高。特别是在社会移动网络迅速普及的情况下，高校的互联网接入覆盖的范围越来越广泛，几乎所有的学校都已经连接了互联网，而且有越来越多的高校在学生活动集中区域布置无线网络。此外，高校校园网内的主干网带宽利用率都在60%左右，而出口带宽利用率则都接近或超过75%，均已经超过网络带宽利用率60%的警戒线，并向80%冲刺。这表明，大学生越来越依赖互联网，尤其是在线学习的发展，更是以前所未有的态势冲击整个高校网络。这就要求高校校园网络必须畅通，若是存在拥堵现象，势必会影响学习资源的利用。因此，高校在今后进行教育信息化建设时，要始终将网络扩容和升级作为一项重要的工作。

2. 高等教育信息化的安全工作得到了越来越多的关注

高等教育信息化的建设与发展对网络有着很大的依赖性，而网络并不是完全安全的，而是存在一些漏洞，可能被一些人利用，继而造成巨大损失。因此，当前的高校在教育信息化的发展过程中越来越重视信息化安全工作，几乎所有的高校都成立了信息化安全工作小组，并积极采取有效的措施来确保信息化的顺利开展。

3. 高等教育信息化应用系统涵盖了越来越多的业务

目前，高校信息化应用系统已经涵盖到教学、科研、管理等学校主要业务上。在各高校的综合管理信息化进程中，各个种类的应用系统建设此起彼伏，不断更新换代。这些应用系统以业务部门纵向的业务为主，以校务核心业务为主，包括公共信息服务平台系统应用、教务教学管理系统应用、科研管理系统应用、后勤管理信息应用等，并且在各个应用的发展中也出现了资源整合、业务融合的趋势。这将有助于未来体现融合意志的统一身份认证、数据共享平台、信息门户等相关的系统逐渐走进高校信息化舞台中心。

4. 高等教育信息化系统日益重视数据的共享与交换

数据共享的建设是信息化工作发展到一定阶段的需要，数据共享环境的好坏直接影响到以此为基础的教学、科研、管理、社区服务等方面的信息化工作。因此在当前，不少高校开始探索信息系统的数据共享与交换。

5. 高校越来越重视信息门户系统的建设

高校信息门户是面向高校教师、学生、职员和校友的大型专用网站。现阶段的门户技术包括统一用户认证、集成服务、安全访问控制和授权管理等。部分高校的信息门户实现了应用集成和信息集成，可进行内容管理与知识管理，为各类用户提供业务操作的统一入口。目前，已经开始有一些高校在探索更高层次的数据集成和云服务应用集成，以更好地对信息门户进行开发与维护。

6. 高校信息化相关部门日渐融合与完善

随着信息技术的发展，高校信息化相关部门率先开始了机构重组和流程改造。当前，基本上所有高校都已经建立相关的信息化建设与规划部门，并且有不少高校已经设立了专职信息化管理的部门来负责规划制定、IT项目与经费管理、与院系部处信息化关系协调等工作。所有这些都表明，高校信息化相关部门日渐融合与完善，这对于高等教育信息化的进一步发展具有重要的作用。

7. 高等教育的信息化经费投入趋于稳定

在当前，高等教育的信息化专项经费与常规经费基本保持稳定并略有增长趋势，这使得高等教育的信息化建设水平得到了很大提升。高等教育信息化建设资金的来源，主要是专项财政预算资金和单位自筹资金。

（二）高等教育信息化存在的问题

在当前，高等教育的信息化建设虽然取得了一定成果，但也存在不少问题，具体如下。

1. 对高等教育信息化的重视不足

由于各种主客观条件的限制，相关部门和领导未能给予高等教育信息化足够的重视。具体来说，随着社会信息化、现代化的快速发展，各级政府没有及时制定和调整与经济发展相适应的高等教育信息化的实施办法，导致地方政府对高等教育信息化建设经费总体投入不足，有相关经费支持计划的地方政府由于缺乏持续性、长效性投入机制，导致高等教育信息经费长期使用不合理。长此以往，高等教育信息化发展必然受到严重影响。

2. 高等教育信息化建设管理机构不够完善

高等教育信息化不断发展和深入，但我国教育部门及高校的信息化管理和推进机构体系并没有建立完善，缺乏系统的规划和管理。具体表现为建设与管理条块分割，缺乏有效的统筹协调和统一管理，在管理过程中权责划分不明确，多头进行管理，造成行政审批烦琐、办事效率下降；战略研究、咨询机构少之又少，监管和评估机制也不完善。

3. 高等教育信息资源存在不少问题

教育信息资源是高校信息化的重要组成要素，因而在高等教育信息化发展中起着非常重要的作用。所谓高等教育信息资源，就是用于教育和教学过程的各种信息资源，是经过人类选取、组织、有序化了的，适合学习者有效发展的有用信息的集合。目前，我国高等教育信息资源还存在不少问题，具体表现在以下两个方面。

（1）观念落后。许多高校还没有高度重视信息资源建设，存在信息资源可用性不强、信息资源不共享、信息资源时效性太差的问题。各个资源库的信息整合往往是信息大杂烩的拼盘，追求资源库的大、广，想要在纷繁复杂的资料库里找到需要的东西费时费力，缺少"精心准备"的信息资源，资源内容与实际需求有一定差距，资源的可用性不强；各高校、各部门之间的信息资源建设没有统一的标准，没有通用的数据接口很难实现不同平台的教育信息资源共享，相互之间仅仅只能看到一部分信息资源，"统一标准"的难产严重制约了高等教育信息化的进程。另外，信息资源时效性太差，信息资源库不能做到实时更新，有些高校的信息资源库最新的内容可能是一年前更新的，"过期"的高等教育信息资源早已脱离现实情况，使用效果可想而知。

（2）管理混乱。由于没有给予足够的重视，高校信息资源管理队伍和管理工作比较薄弱，加上相关政策、法律的缺失致使信息资源的管理缺乏系统性和计划性。

4.高等教育信息化人才缺乏

高等教育信息化的顺利建设与实施，离不开大量的信息化人才。也就是说，高校必须注重教育信息化队伍的建设。

高校教育信息化队伍主要包括信息化教师队伍、信息化管理队伍和信息技术维护队伍。现代信息技术不断发展，各种信息网络的技术应用到社会生活的各个方面，并以惊人的速度不断扩张。虽然当前高等教育领域的现代信息网络建设已初具规模，但专业人员队伍建设相当不足、成熟的人员培训与服务体系尚未形成。也就是说，我国高校教师队伍的信息素养能力还不能适应高等教育信息化发展的要求。这些问题在年龄较大的老师身上尤为突出，他们很少会使用高校新添置的现代信息技术设备，也很少把现代信息技术和教学有机结合、合理利用。因此，高校只有积极培养真正具备信息素养能力、能熟练掌握现代信息技术的教师，才能推动高等教育信息化不断深入发展。

二、高等教育信息化进一步发展的策略

高等教育信息化是一项系统工程，需要经过较长时期才能得到不断完善。针对高等教育信息化建设在当前存在的问题，在今后应积极采取以下几个策略来推动高等教育信息化的进一步发展。

（一）要为高等教育信息化的发展营造良好氛围

人们对高等教育信息化的重视程度影响国家高等教育信息化的发展方向，国家应从体制改革和经济投资入手为高等教育信息化营造良好的发展氛围。具体而言，国家和各级地方政府在为高等教育信息化的发展营造良好氛围时，可从以下几方面着手。

第一，国家和各级地方政府要做好高等教育信息化相关工作的宣传，对高等教育工作进行整体安排，做好高等教育信息化工作的总体规划，加大对高等教育信息化的投资力度，

引入市场竞争机制，将高等教育信息化管理投放到市场，充分发挥市场在信息资源中的调节配置作用。

第二，国家和各级地方政府要注意建立专门的管理机构，如高等教育信息资源中心、高等教育信息培训中心、高等教育信息管理中心等，各部门分权分责协同工作，充分发挥各部门和整体的功能，才能真正推动高等教育信息化的进一步发展。

第三，国家和各级地方政府要建立健全的制度保障，建立完善的管理制度，尽快出台高等教育信息化工作的标准和管理规范。

第四，国家和各级地方政府要加强高等教育信息服务系统建设，为管理人员提供完善的教学管理系统。

第五，高校要帮助教师学习信息技术、新思想，并为学生建设网上多媒体自主学习环境。

（二）不断加强高等教育信息资源建设

高等教育信息化不仅需要互联网信息技术支撑，更需要用于高等教育信息化的各种高等教育信息资源。高等教育信息资源建设是一项长期的任务，它是高等教育信息化的重要组成部分。具体而言，可从以下几方面着手进行高等教育信息资源的建设。

第一，政府应制定和落实高等教育信息化相关政策和法规，并推动各级教育行政部门和各级各类学校制定教育信息化优先发展的配套政策措施，对高等教育信息资源的生产、交换、分配和消费实现宏观调控与规范。政府还应建立一个统一的管理组织，或者鼓励第三方的独立部门参与甚至主导高等教育信息资源建设工作，确保高等教育信息的公正、客观。

第二，在网络管理方面要解决好信息资源短缺与用户需求增多之间的矛盾。互联网上各种教育类型种类繁多，人们淹没在信息海洋里却常常找不到自己所需的信息，亟须建立一个能系统地将个人信息或机构的丰富资料汇总到一起，经过加工处理、有序化的高等教育信息资源数据库提供给大众。

第三，高等教育信息内容要加强收集和整理环节。信息收集要"广"，要收集"最新"的高等教育信息动态，收集过程中还要确保信息的准确无误，根据信息价值的高低快速为使用者提供最有用的信息。整理环节主要包括对收集来的信息进行筛选，留下最有用的信息，然后将这些信息分门别类，最终将这些信息储存下来，作为重要的学习资源。

（三）不断提高高校教师的信息素质能力

就高等教育信息化的建设与发展而言，一个重要的环节就是不断提高教师的信息素质能力。具体而言，高校教师应具备的信息素质能力包括以下几个方面。

第一，对信息具有良好的自我意识和敏感度。

第二，能够全面、科学、深入地认识信息。

第三，能熟练运用现代科技工具，以更加方便地获取所需信息。

第四，能对信息进行有效的组织、分析与加工，并提炼出自身需要的信息，在教学实践中予以有效运用。

第四章 高校教学系统的计算机信息化设计

随着信息技术向教育领域的扩展，计算机多媒体化和计算机网络在教学过程中的应用越来越普遍，教育信息化的任务和关注的重心也在不断发生着改变。如何在信息化环境下进行教学设计，成为教师当前面临的主要问题。为适应教育信息化形势的发展，教师要能够在传统教学设计的基础上，根据教育信息化发展的新变化，结合教育信息化的实际，进行信息化环境下的教学设计即信息化教学设计。教师可以通过将信息技术有效地融合于各学科的教学过程来营造一种新型教学环境，科学合理地安排各要素，以实现一种体现学生主体地位的教学方式，达到教学的最优化。

第一节 教学系统设计概述

一、教学系统设计的概念

教学是一种多要素的、动态的复杂系统。教师、学生、教学内容、教学目标、教学媒体和方法等众多要素构成了教学活动。为使这些要素有机地配合起来，达到教学的最优化，就必须对它们进行整体的、系统的规划和安排，即进行教学系统设计。

教学系统设计（Instructional System Design，ISD）又称教学设计（Instructional Design，ID），是以传播理论、学习理论和教学理论为基础，运用系统论的观点和方法，分析教学中的问题和需求从而找出最佳解决方案的一种理论和方法。不同的时代，不同的人对教学系统设计的含义有不同的观点、不同的理解。

（一）对教学系统设计的几个不同观点

一是"计划"说。"教学系统设计是运用系统方法分析研究教学过程中相互联系的各部分的问题和需求。在连续模式中确立解决它们的方法步骤，然后评价教学成果的系统计划过程。"（美国学者肯普）这种学说主张用系统的方法分析教学问题，研究解决问题途径，评价教学结果的计划过程或系统规划。

二是"方法"说。其把教学系统设计看作是一种研究教学系统、教学过程和制订教学计划的系统方法。这种方法与过去的教学计划不同，其区别在于现在说的教学系统设计有明确的教学目标，着眼于激发、促进、补助学生的学习，并以帮助每个学生的学习为目的。

三是"技术"说。教学系统设计是一种用以开发学习经验和学习环境的技术，以促进学生获得特定的知识和技能（美国学者梅里尔）。

四是"过程"说。教学系统设计是运用系统方法分析教学问题和确定教学目标，建立解决方案、评价试行结果和对方案进行修改的过程。这种观点在我国有较大的影响面，代表人物是乌美娜和何克抗。

五是"操作程序"说。教学设计就是运用系统方法和步骤，并对教学结果做出评价的一种计划过程与操作程序。

目前，教学系统设计定义以"过程"说和"操作程序"说为主，即如何对教学进行任务分析，如何编写教学目标，如何选择教学策略和教学媒体，如何开展教学评价等。

总之，教学系统设计以教学效果最优化为目的，以教学理论、学习理论、传播理论为基础，以教学系统以及教学系统中的资源和过程为研究对象，强调运用系统方法对教学系统进行预先分析与决策，创设情景，以促使学生更有效地学习。

（二）教学系统设计的基本内涵

从概念的表述上，教学系统设计的基本内涵可以被归纳为如下几方面。

（1）教学系统设计是对教学活动的过程和操作程序的设计。教学系统设计是连接教学理论与教学实践的桥梁。将教学理论运用于教学实践是教学系统设计研究的核心问题。教学系统设计主要就是研究解决教学问题的方案程序、各种具体的教学方法，教学策略、教学媒体的运用、教学效果的评价方法等。简言之，就是研究教师怎样教、学生怎样学、师生如何互动的过程。

（2）教学系统设计以系统方法为指导。教学系统设计把教学过程中各要素看成一个系统，探索教与学系统中要素之间、要素与整体之间的本质联系，分析教学问题和需求，确立解决的程序纲要，使教学效果最优化。

（3）教学系统设计以教学理论、学习理论、传播理论为理论基础。以教学理论、学习理论、传播理论为理论基础的教学系统设计，现已形成了自己的理论体系。它以系统方法为指导，应用于解决教学实际问题，形成了能实现预期功能的教与学系统，可以将其直接应用于教学过程。

（4）教学系统设计的目标是教学效果最优，目的是促进学生更有效地学习。教学系统设计主要是运用系统方法，以帮助每个学习者的学习为目的，创设有利的学习环境，促进学习者自身发展，从而达到教学的优化。

二、教学系统设计的发展

（一）教学系统设计的发展历史

为了更好地了解教学系统设计，我们来回顾教学系统设计理论发展的历史轨迹。

（1）教学系统设计的思想萌芽与早期发展（20世纪初—20世纪60年代）。建立教学系统设计学的构想最初来源于美国哲学家、教育家杜威，他提出了应建立一门所谓的"桥梁科学"，以便将教学理论和实践联系起来。但是，由于当时条件的限制，教学系统设计处于思想萌芽状态。到了20世纪中叶，行为主义学习理论的迅速发展为教学系统设计的发展提供了理论支持，促使了"程序教学"和"教学机器"等概念在教学实践中的应用。

（2）教学系统设计的大发展时期（20世纪60年代—20世纪80年代）。西方的教学系统设计研究在20世纪60年代进入大发展时期。当时主要是引入了系统方法，对教学系统各要素进行综合考虑，对教学策略进行优化与评价，对教学系统特性进行明确认识，等等。行为主义在教学实践中的表现使得一些教师和心理学家开始对这一理论的有效性产生怀疑。在20世纪60年代末以及整个70年代，认知学习理论逐渐代替行为主义成为教学系统设计的指导思想。

20世纪60年代末，教学系统设计便以它独特的理论知识体系、结构而立足于教育科学之林。20世纪70年代以来，教学系统设计的研究已经形成了专门的领域，成果日渐丰富，如基于建构主义的教学系统设计理论、强调人本主义的教学系统设计观点以及自动化教学系统设计理论等。

（3）整合化的教学系统设计理论（20世纪80年代至今）。到了20世纪80年代，教学系统设计理论逐步完善，教学系统设计研究者开始倾向于将不同的教学系统设计理论综合形成一个行之有效的总体模式，如赖格卢特的精加工理论、藤尼森提出的概念教学理论等。我国于20世纪80年代中后期开始引入教学系统设计。

20世纪90年代，建构主义对教学系统设计理论起了较大的作用。这一时期，学习者与教学媒体、教学情境的结合是教学系统设计发展的一个重要特征。

（二）教学系统设计的发展趋势

当前教学系统设计经过不断研究和实践，逐步形成了以下发展趋势：

（1）教学系统设计越来越注重跨学科研究和跨领域应用。教学系统设计的研究越来越出现跨学科的趋势，其研究涉及哲学、社会学、心理学、信息科学与技术、系统科学、教育技术学等学科。正是这些学科领域的交叉和渗透，才使得教学系统设计的思想有了验证和实现的可能，并出现了一些公认的成就。近十多年来，建构主义思想逐渐兴起。它对教学系统设计者产生了影响，同时也对学习者创新思想的产生发展有一定影响。另外，教学系统设计的研究和应用不是教育领域的专利。教学系统设计是一种有效设计和制造学习环境的方法。为了加强学习环境的形成，教学系统设计应该运用当代学习、测量、技术和管理等方面的理论来改进学习状况。教学系统设计从20世纪60年代早期就开始作为一种科学的应用领域，被广泛应用于工业、军事、政府部门、高等教育与职业培训中。

（2）教学系统设计越来越注重信息技术与教育理念的整合。教学系统设计的一个主要变化来自技术对教学内容和方法的影响。但没有以一定程度的教学系统设计为基础，技术是不会在本质上自动改进教育的。事实上，在信息化时代，只是通过利用多媒体的交互性和对刺激呈现的控制性来丰富任务环境。技术提供的新能力包括直接跟踪和支撑问题解决的技能，把学习者解决难题的行动过程可视化，建模和模拟复杂推理任务等。信息技术也使得对概念组织和学生知识结构的其他方面进行数据收集，以及他们参与讨论和小组项目的表征成为可能。

（3）教学系统设计越来越注重各种因素整合下的学习环境的建构。学习不是传输的过程，也不是接受的过程。学习是需要意志的、有意图的、积极的、自觉的、建构的实践，该实践包括互动的"意图—行动—反思"活动。知识和技能通常是在个体运用知识和技能的"境脉"（context）中获得的，这是一个与环境有关的问题。环境的发展与个体作为组织中的成员的发展密切相关。人类在特定群体中所能支配的知识和技能的总量是如此之大，以至于通常不可能在使用专业技术的特殊环境中进行个体到个体的传授。而且可以使用知识和技能的环境可能很复杂、很遥远或者很危险，以至于必须创设一个为学习而设的特殊环境来代替"真实"的情况。

（4）教学系统设计越来越注重新的评估理念和方法。教学系统设计越来越呈现出把课程、教学、实施和评估进行总体规划的趋势。需求分析、信息和方法的结构分析、个体差异的分析、社会文化差异的分析成为评估的重要内容，信息技术成为评估的主要工具。认知、观察和解释，这三个元素必须清晰地联系在一起并被设计成一个相关的整体。评估需要超越对局部技能和离散的知识点的关注，要把推动学生进步的更复杂的方面包含进来，具体主要包括对元认知的评估、对实践和反馈的评估、对社会文化大环境的评估。

三、教学系统设计的基本原理与方法

（一）教学系统设计的基本原理

指导教学系统设计操作的基本原理主要包括以下几个方面：

1. 目标控制原理

在教学过程中，教师是教学信息的传播者，学生是教学信息的接受者，媒体是教学信息的载体。但教师的活动、媒体的选择、学生的反应都是要受到教学目标控制的。教学系统设计必须首先确定教学目标。它包括总体目标和具体目标两个层次。总体目标就是优化教学的总要求，而具体目标则依各门学科、各个教学单元的内容和学生的原有状态而确定。

2. 要素分析原理

教学过程可以看作一个开放系统，环境对学习者作用（输入），使学习者对环境做出反应（输出）。在教学系统设计时必须对构成这个系统的各个组成部分进行分析，找出哪些是对系统性质、功能、发展、变化有决定性影响的部分并作为系统的要素加以研究，而把次要的因素忽略。如果把刺激输入部分、学习者及反应输出部分看作三个子系统，而每个子系统又各自由不同的要素构成。对于"教"的部分，它包括教师、学科内容、媒体、方法等要素；而"学"的部分，即学习反应，则可包括学习态度、学习行为和认知效果等要素；对于学习者，这是一个"灰色系统"，无法完全了解其内部结构和思维过程，但可以对其心理结构、基础知识水平这两项要素有部分的了解。根据这一原理，教学系统设计的一项重要内容就是教学策略的设计，实际上是对输入部分这一子系统的设计，包括媒体的选择与教学过程结构的设计。教学过程结构实际就是这一子系统中各个要素的组成及其联系方式的分析与设计。

3. 优选决策原理

教学系统设计以分析教学需求为基础，以确立解决教学问题的步骤为目的。解决教学问题的步骤就是教学策略，主要包括媒体选择与教学过程结构的设计。在教学策略设计过程中，必须使用系统方法中的模型化方法、优选方法与决策技术等具体方法，对各种设计方案可待选的对象进行分析、比较、评价，从而选取最佳的策略。根据这一原理，在教学系统设计的实际操作中，使用了媒体选择概率公式、媒体选择坐标判定决策模型、流程选择方法、等级综合评判方法等优选决策方法，使教学策略更能符合教学目标的需要。

4. 反馈评价原理

反馈控制是系统科学的重要方法，这就是利用反馈信息，使系统的反应输出状态与预期目标相比较，然后根据比较的一般结果对输入值进行修正，以达到系统输出状态与目标要求相一致的目的。根据这一原理，教学系统设计必须重视反馈信息的收集，即必须进行学习评价，设计各种输出反应的测量工具，确立学习评价指标体系，以获得反馈信息，控制和调整教学过程。

（二）教学系统设计的基本方法

由于教学系统设计是应用系统对教学活动进行系统规则的过程，因此系统方法是进行教学设计的主要工作方法。

1. 系统方法

系统方法，就是按照事物本身的系统性把对象放在系统的形式中加以考察的一种方法。即从系统的观点出发，在系统和要素、要素和要素、系统和其外部环境的相互联系、相互作用中揭示对象的性质和规律，以实现最优处理问题的一种方法。它的显著特征是整体性、综合性、历史性和最优化。

2. 系统方法的基本构成

系统方法是结构方法、功能方法和历史方法的辩证统一。

结构方法是一种向内的研究方法。它基于系统的内部描述，着重研究产生系统功能所能依赖的结构，也就是解决和处理系统内部各要素关系。

功能方法是一种向外的研究方法。它基于系统的外部描述，把系统当作"黑箱"，通过研究系统与环境的相互作用去研究系统的功能，也就是处理系统的输入输出问题。

历史方法是从系统的历时性及系统发展规律出发，研究系统随时间变化，即系统的产生、发展、老化和消亡过程，也就是主要解决系统发展的目标问题。

教学设计就是上述三种方法的辩证统一的运用。目的是通过应用以上三种方法实现系统的最优化。

3. 系统方法的特点

整体性是系统方法的基本出发点。它把对象看作由各构成要素形成的整体，整体的性质不等于形成它的各要素性质的机械之和，它具有"突现"的特征。这种"突现"特征是由系统的结构决定的，思维方法上，改变过去"局部—整体""分析—综合"的方法，强调"整体—局部—整体""综合—分析—综合"的思维方法。

综合性是系统方法的一个特点，它有两重含义：一是认为任何系统都是以要素为特定目的组成的综合体，二是要求对任何系统的研究都必须从它的成分、结构功能、相互联系方式、历史发展等方面综合考察。

历时性是系统方法另一基本原则。历时性是指运用系统方法分析对象时，要研究系统存在和发生的背景、发展过程经历的阶段、目前达到的水平、成熟的程度，预测其发展的前景。因此，历时性原则要求我们"不仅力图从相互联系中，而且力图从发展中考察客体"。把客体当作随时间变化的系统考察，是完全符合唯物辩证法的。

最优化则是指运用系统方法能达到的目标。最优化实施要求：从许多可供选择的方案中选择出一种最优方案，以便使系统运动处于最优状态，达到最优的效果。这一点是任何传统方法所不能做到的。系统方法要求：①根据需要和可能为系统定量地确定最优目标（不是样样最优，而是优化组合，达到整体目标的最优）；②用最新的技术手段和处理方法把系统分成不同等级、不同层次，在动态中协调整体与部分的关系，使部分的功能和目标服从整体的目标，从而达到整体最优化的目的。

四、教学系统设计的基本过程

（一）教学系统设计的基本环节

1. 分析学习任务和学习对象

学习任务的分析，是教学设计中最为关键的教学资源分析阶段。学习任务不仅是制定教学目标的依据，也是整个教学工作的核心内容。学习任务分析包括学习内容的结构、如何有效组织学习内容、如何使学生掌握学科的基本结构等。学习任务分析与学习对象分析是密切相关的。这个环节要做的工作就是用特定的方法分析教学内容和教学对象，并使用评价的工具和方法对学生学习前的起点行为进行分析。起点行为是指学生已有的与新学习有关的能力或倾向的准备水平。教学的起点总是以学生已有的水平为依据，起点过高或过低都不能收到好的教学效果。在教学设计实践中，分析学习者的工作常常与前一环节的工作交织在一起进行。

2. 确定教学目标

教学目标是师生活动的重要依据，也是建立教学评价标准的依据。这个环节要做的工作：在分析教学内容和教学对象的基础上，参照学习者的特征确立和陈述出教学目标。这既有利于教学模式、方法的设计，教学媒体的选择，也有利于教学评价的进行。学习目标应该说明学习的结果，要用明确、具体的术语加以表述；在教学活动开始以前应把目标告诉学习者，使之心中有数，学习活动有的放矢。

3. 设计教学策略

教学策略是教师在教学过程中，为了达到某一特定的教学目标而采取的系统行为。它是教学体制或教学成果所要求的总括性的教学方法。教学策略是指为实现教学目标而进行的思考、策划和谋略，因而选择教学策略是实现教学目标的一个重要工作步骤。

教学策略设计，从宏观上来说，首先是设计者为达到教学目标，对教育价值观，各种教育、教学流派所提出的理论、原理、方法和模式的选择。从具体操作来说，包括了如下三个主要方面：①划分教学单元、课时，组织教学内容，设计教学顺序；②选择教学组织形式和方法；③组合运用教学媒体。

4. 教学媒体的选择与设计

媒体组合教学最能体现教学的直观性原则，合理地选择和组织运用媒体，使学生在最佳的条件下进行学习，是实现教学最优化的重要措施。由于不存在普适的万能媒体，因此对于不同的信息和环境，要对媒体进行合理的选择、安排和设计，并对信息资源进行查寻和传播。同时，媒体的选择与教学方法的运用也是密切相关的。

5. 教学结构的设计

教学结构设计就是根据教学目标和学生的特点，对教学中师生的活动过程和形式、涉及的教学媒体和方法等多种要素进行整体的优化安排，形成特定的教学结构或模式。这种整体优化安排的结果就是形成实施教学的综合性方案，即教学策略。可以说教学策略是教学结构设计的产品。从安排教学的措施和方案的角度看，课堂教学结构、教学模式与教学策略均属同一概念。

这个环节要做的工作：根据学生现有的准备状态，要完成的教学任务，要达到的教学目标以及要学习的内容等，综合地、整体地选择教学方法和媒体，合理地确定教学组织形式和程序，形成行之有效的教学方案，即形成课堂教学结构或模式。

6. 实施教学评价

按照既定的教学方案或模式进行的教学是否有效，能否达到目标，都需要进行检验。这是学习评价的主要任务。此环节要做的工作：根据教学目标，运用评价的手段和方法，在教学过程中或过程后，对学习效果给予价值上的判断。前者属形成性评价，目的是检验教学设计的方案在实施中的效果如何，若存在问题，便及时调整、补充教学方案；后者是总结性评价，目的是对一个阶段的教学给予全面的评定，并对学生的学习结果给出成绩。

教学评价的目的是获得教学设计产品成功或失败的反馈信息，以对教学设计产品做进一步的修改，不断提高教学设计产品的质量。

（二）教学设计过程模式

教学设计的理论建设并不只是停留在理论研究阶段，而是要扩展到实践应用的领域。许多教学设计专家把教学设计的相关理论应用到实践中，形成了一系列的设计过程模式。设计过程模式一方面综合了理论和技术等各方面的因素，另一方面却简化了复杂的教学过程以及教学过程各要素之间的关系。

五、教学系统设计的要素分析与操作工具

（一）教学系统设计的基本要素

关于教学设计过程，目前有许多不同类型的理论模式。但是，可以从各种理论模式中抽取出一些基本组成部分，如学习需要分析、学习内容分析、学习目标的阐明、学习者分析、教学策略的制定、教学媒体的选择和利用以及教学设计成果的评价。这七个基本组成部分可以构成教学设计过程的一般模式。从这七个基本组成部分中还可以进一步抽取出以下四个最基本的环节（或要素）：分析教学对象、制定教学目标、选择教学策略、开展教学评价。各种完整的教学设计过程都是在这四个基本要素（学习者、目标、策略、评价）相互联系和相互制约所形成的构架上建立的。

教学设计过程的一般模式描述了教学设计的基本过程。这个过程可以分为四个阶段，

即前端分析阶段、学习目标的阐明与目标测试题的编制阶段、设计教学方案阶段、评价与修改方案阶段。教学设计的四个阶段之间是相互联系、相互作用，密不可分的。

这里应强调说明的是，我们人为地把教学设计过程分成诸多要素，是为了更加深入地了解和分析，并发展和掌握整个教学设计过程的技术。因此，在实际设计工作中，要从教学系统的整体功能出发，保证"学习者、目标、策略、评价"四要素的一致性，使各要素间相辅相成，产生整体效应。

另外，还要清楚地认识到所设计的教学系统是开放的，教学过程是个动态过程，涉及的如环境、学习者、教师、信息、媒体等各个要素也都是处于变化之中，因此教学设计工作具有灵活性的特点。我们应在学习借鉴别人模式的同时，充分掌握教学设计过程的要素，根据不同的情况要求，决定设计从何着手、重点解决哪些环节的问题，创造性地开发自己的模式，因地制宜地开展教学设计工作。

（二）教学系统设计的要素分析

1. 学习者特征分析

对学习者特征分析主要是为了说明所要进行的课题对学生的知识、能力等智力因素方面和非智力因素方面的要求以及学生是否已具备了本课题学习的要求。

学习者特征分析就是要了解学生的学习准备状态和学习风格。学习准备包括初始能力和一般特征两个方面。初始能力是指学生在学习某一特定的课程内容时，已经具备的有关知识与技能的基础，以及他们对这些学习内容的认识和态度。一般特征指的是在学习过程中影响学生的心理生理和社会的特点，包括年龄、性别、年级、智力才能、学习动机、个人对学习的期望、生活经验、文化、社会、经济等背景因素。学习风格是指对学生感知不同事物，并对不同事物做出反应这两方面产生影响的所有心理特征。

2. 教学目标分析

教学目标是师生活动的重要依据。教学是一个受多种因素影响的复杂活动，需要有一系列明确、具体的教学目标作为教学活动的参考点，指明教学活动运行的方向。它让教师知道学习者应学习哪些内容，学到何种程度；它还能引导学生的活动，使他们明确要掌握的内容，减少学习中的盲目性。教学目标主要包括知识目标、能力目标、情感目标三部分。分析教学目标是为了确定学生学习的主题，即与基本概念、基本原理、基本方法或基本过程有关的知识内容；根据学科的特点，将教学内容分解为许多的知识点，可以按照一定的学习内容分类方法，确定每个知识点内容的属性（事实、概念、技能、原理、问题解决等），然后进行学习内容（教学内容）与教学目标（学习水平）的分析，确定各知识点认知领域的教学目标（识记、理解、应用、分析、综合和评价）。

3. 学习内容分析

学习内容分析是根据总的教学目标，去规定学习内容的范围和深度，并揭示出学习内容中各个组成部分之间的联系，以实现教学效果的最优化。学习内容分析以学生的学习结果为起点，并以学习起点为终点，是一个逆向分析过程。

4. 教学策略分析

教学策略是对完成特定教学目标而采用的教学顺序、教学活动程序、教学方法、教学组织形式和教学媒体等因素的总体考虑。教学策略主要是解决教师"如何教"和学生"如何学"的问题。教学策略的选择与制定就是一项系统考虑教学要素，总体上择优的富有创造性的设计工作。教学策略的设计最能体现教学设计的创造性。教学策略一般有两种类型：产生式教学策略和替代式教学策略。产生式教学策略主要是强调让学生自己产生教学目标，学生自己对教学内容进行组织，安排学习顺序等，鼓励学生自己从教学中建构具有个人特有风格的学习。也就是说，学生自己安排和控制学习活动，在学习过程中处于主动地处理教学信息的地位。这种策略的有效应用可以将学生的信息与其认知结构联系起来，实现对信息的进一步加工和处理，也可以允许学生自主地设计、实践和改善学习策略，提高自我学习能力。它还可以激起学生对学习任务和学习过程、学习策略的积极性，培养学习兴趣等。替代式教学策略在传统教学中比较常用。它更多地倾向于给学生提出教学目标，组织、提炼教学内容，安排教学顺序，指导学生学习。这种策略主要是替学生处理教学信息，能使学生在短期内学习许多内容，能使知识储备有限和学习策略不佳的学生获得成功的学习。

5. 教学媒体的选择

当确定了教学目标、选择与组织好教学内容后，教师就要考虑组织教学活动去实现目标。在教学活动的组织中，要做的一项重要工作就是对教学媒体的选择。如何才能在众多功能各异的教学媒体中选择出恰当、适宜的媒体来开展教学活动？这需要我们了解影响教学媒体选择的因素，掌握选择教学媒体的方法。对教学媒体的选择一般考虑各种教学媒体的功能特性和教学的实际需要，将两个方面结合起来加以分析，决定取舍。首先，要考虑教学目标、教学任务和教学内容的要求。在教学中，不同的教学目标常需使用不同的媒体去传输教学信息，不同的任务要求教师采用不同的媒体和方法去完成，不同性质的教学内容对教学媒体也有不同的要求。其次，要考虑学生的需要和水平，不同年龄阶段的学生有着不同的认识能力和思维特点。最后，要考虑教学媒体的功能，每种媒体都有不同的功能和特点，它们应用在不同的教学环境下会产生不同的教学效果。此外，对教学媒体的选择还要考虑一定的教学条件，如技术问题、经费问题和教学环境问题等。

6. 教学评价分析

教学评价是教学设计中一个极其重要的部分。通过客观、科学的评价，教学设计工作将不断得以检验、修正和完善。教学评价已经形成一门独立的学科，有它自己专门的研究领域。教学设计过程中的评价以设计成果的形成性评价为主。教学设计成果评价的实质是从成果和影响两个方面对教学设计活动给予价值上的确认，使教学设计工作沿着预定的方向进展。

（三）教学系统设计操作的辅助工具

教学系统设计操作的辅助工具是指"两表一图"。"两表"是指"教学设计中相关要素一览表"和"学习水平检测表"，"一图"是指"教学设计流程图"。

1. 课堂教学设计中相关要素

表4-1系统地考虑了实施教学活动的四大基本方面，教学内容、确定学习水平、陈述教学目标和选用教学媒体，并使它们相互对应起来，以产生和谐、协调、一致的效用。在具体的操作过程中，教师通过分析教学内容勾勒出教学要点，从"知识"和"能力"两方面入手，确定教学要点在相关学习水平层次上的归属，并在此基础上，陈述具体的教学目标，选定相应的教学媒体。

表4-1 教学设计中相关要素一览表

课题	要点	教学内容					学习水平							教学目标	教学媒体						
		知识			能力		识记	理解	应用	分析	综合	评价		实物	模型	挂图	录音	录像	幻灯	投影
		事实	概念	原理	观察	推理														

2. 流程图

在上述基础上，教学设计者便可以进行教学过程的具体安排。在安排、设计教学过程中，我们借助一种类似计算机程序的方法来计划教学过程展开的每一步骤，并用图形表示出来，以使每一步进程都有章可循，活动目的明了，相互衔接紧凑，过渡自然平缓。这种图示方法称之为流程图。运用流程图，不仅可以具体地表述教学过程中教师、学生、教学媒体、师生互动等方面的相互关系，而且可以标示教学进程的顺序。这使教学过程的具体安排、设计，既能系统地考虑诸教学要素或方面的作用与相互影响，又能有条不紊地实施这种系统设计的思想。

在教学过程的设计流程图中，常用的图形及表示的意义如表4-2所示。

表4-2 教学设计流程图常用符号及意义

符合	表示的意义
⬯	一项任务的开始或结束
▭	说明每一个步骤中的行动或操作功能
◇	表示决策点，每个决策点分别引导采取不同的步骤，包括返回原先的步骤
▱	学生的活动
⬭	媒体应用

3. 学习水平检测表

表 4-3 的设计及使用目的在于实施及时、准确有效的教学评价。教学评价的类型主要有诊断性评价、形成性评价和总结性评价。

表 4-3 学习水平检测表

课题	要点	学习水平						形成性检测题
		识记	理解	应用	分析	综合	评价	

形成性评价是每个课时教学进程中最为直接、具体的评估。只要每个课时的形成性评价做得好，总结性评价的效果便有根本的依托。因此，在教学设计中，教学评价指的是具体的课堂教学过程中的形成性评价。

在设计形成性检测题时，检测题内容必须反映教学目标的内容，即教学要点以及预先规定的学习者应当达到的学习水平，以免出现"检非所学（教）"的现象，避免检测内容过难、过易的倾向，从而失去检测的意义与作用。

六、教学系统设计的应用范围和层次

（一）教学系统设计的应用范围

教学系统设计发展的历史告诉我们，教学系统设计最早萌芽于军队和工业培训领域；到 20 世纪 60 年代才逐渐被引入到学校教育当中，并作为一门独立的知识体系得到迅速的发展。目前，教学系统设计在正规的学校教育、全民的社会教育和继续教育以及工业、农业、金融、军事、服务等各行业、各部门的职业教育和培训领域中都得到了广泛的应用。国外如美国、加拿大和澳大利亚的职业培训，英国的开放大学以及美国、日本等国或地区的中小学教育中均在课程设置、培训计划和教材资源等方面开展了教学系统设计，取得了许多成功的经验。我国在九年义务教育的文字教材与音像教材的编制中，在全国中小学计算机辅助教学软件的开发中，在职业高中、高等院校的部分课程设置和多媒体教材设计中，以及大、中、小学的课堂教学中，教学系统设计的理论和思想也在逐步被接受，教学系统设计的实践正越来越为人们所重视。

根据《教育技术国际百科全书》的描述，在学校教育中，教学系统设计常常以现存的课程文献或一个待完成的课程为出发点。在职业环境里，工作岗位是教学系统设计的参考和出发点，教学系统设计从具体的工作任务描述和分析开始，使职业岗位培训中的教学目标非常明确和有的放矢。某些教学系统设计者企图把教育和职业培训做同样处理，就容易忽视遍布于教育决策中的政治和道德因素以及很重要却难以具体化、任务化的基本思维方式和情感、道德教育。因此，学校教育中教学系统设计的应用更加复杂，难度也相对更大。

（二）教学系统设计不同层次的应用

教学系统设计是一个问题解决的过程。根据教学中问题范围、大小的不同，教学系统设计也相应地具有不同的层次，即教学系统设计的基本原理与方法可用于设计不同层次的教学系统。到目前为止，教学系统设计一般可归纳为三个层次。

（1）以"产品"为中心的层次。教学系统设计的最初发展是从以"产品"为中心的层次开始的。它把教学中需要使用的媒体、材料、教学包等作为产品来进行设计。教学产品的类型、内容和教学功能常常由教学系统设计人员、教师和学科专家共同确定。有时还吸收媒体专家和媒体技术人员参加，对产品进行设计、开发和测试、评价。

（2）以"课堂"为中心的层次。这个层次的设计范围是课堂教学，它是根据教学大纲的要求，针对一个班级的学生，在固定的教学设施和教学资源的条件下进行教学系统设计。其设计工作的重点是充分利用已有的设施，选择或编辑现有的教学材料来完成目标，而不是开发新的教学材料（产品）。如果教师掌握教学系统设计的有关知识与技能，整个课堂层次的教学系统设计完全可由教师自己来完成。当然，在必要时，也可由教学系统设计人员辅助进行。

（3）以"系统"为中心的层次。按照系统观点，上面两个层次中的课堂教学和教学产品都可看作教学系统，但这里的系统特指较大、较综合和复杂的教学系统。例如，一所学校或一门新专业的课程设置、某行业职业教育中的职工培训方案等。这一层次的设计通常包括系统目标的确定，实现目标方案的建立、试行、评价、修改等，涉及内容面广，设计难度较大。而且系统设计一旦完成就要投入范围很大的场合去使用和推广。因此，这一层次的设计需要由教学系统设计人员、学科专家、教师、行政管理人员，甚至包括有关学生的设计小组来共同完成。

以上三个层次是教学系统设计发展过程中逐渐形成的。当然，也可以把教学系统设计分为宏观和微观两个层次，规模大的项目如课程开发、培训方案的制订等都属于宏观层次的教学系统设计，而对一门具体课程、一个单元、一堂课，甚至一个媒体材料的设计，都属于微观层次的教学系统设计。

七、教学系统设计的意义

教学系统设计是开展教学活动的前提和基础，它为教学活动的实施提供了可靠的"蓝图"。通过教学系统设计，教师可以清楚地知道学生要学的内容，学生将产生哪些学习行为，并以此确定教学目标；通过教学系统设计，教师可以依据教学目标和学生的特征，采用有效的教学模式，选择适当的教学媒体和方法，实施既定的教学方案，保证教学活动的正常进行；通过教学系统设计，教师可以准确地掌握学生学习的初始状态和学习后的状态，便于有效地控制教学过程。

（一）进行教学系统设计是信息社会发展的要求

信息时代知识的爆炸和科技的日新月异，对人才的需求提出了更高的要求。一般应用型人才，如书架型人才、工匠型人才，已难以适应时代的发展，而素质全面，接受继续教育能力强，智能型、创造型人才在时代的激烈竞争中越来越表现出充分的活力。这也就对信息时代的教育提出了更高的要求。现代教育要求"信息化、多媒化、多元化"的三化教育，也是"高效率、高效益、高质量"的三高教育。它能帮助人以较小的代价获得较大的收获，用较少的时间和精力获得较多的教育和学习效果。在信息社会中，只具有专门的技术知识是远远不够的，信息社会变化速度快，对信息社会的适应性能力的高低决定了人才水平的高低。在获取专业知识的同时，掌握一定的信息知识、信息能力，具备一定的信息意识、信息观念，可以促进人的个性的全面发展。信息社会，要求人必须具有利用多媒体计算机和网络技术进行学习和工作的能力，具有信息获取、存储和处理的能力，具有利用多媒体计算机和网络技术进行信息交互的能力。现代教育的发展方向之一是终身教育，信息教育在人的每个发展阶段都是必不可少的，从小学、中学到大学，再到在职教育都离不开它。只有通过系统、完整的信息教育，社会成员才能更好地适应社会的发展，促进社会的进步。

综合分析以上信息社会的要求，可以看到教育、教学中迫切要解决的实质问题是我们应采取什么措施使人们接收到效率高、效果好的教育，采用什么策略教会人们"如何学习"，从而使生活在信息时代的人们适应社会的飞速发展，提高教学效率、效果。促进每一个学习者自身的发展正是教学系统设计的根本思想，而根据社会发展中出现的与教育有关的问题采取相应措施解决以满足社会的需要也正是教学系统设计的方法。

（二）进行教学系统设计有利于教学工作科学化

传统教学中虽然教学系统设计的活动普遍存在于教师的教学实践当中，但只是把设计看作一门艺术。其设计思想之精华也只掌握在少数优秀教师的手中，赋有才华的老教师靠"师傅带徒弟"的传、帮、带的方式把自己的经验传授给其他教师和年轻教师，但难以大范围普及他们成功设计教学的经验。

现代教学系统设计是从教学的科学规律出发，对教学问题的确定、分析，对解决问题方案的设计、试行乃至评价和修改等系列教学系统设计的内容和程序都建立在系统方法的科学基础上，从而使教学活动的设计摆脱了纯经验主义，而纳入科学的轨道，使广大教育工作者容易学、乐于接受，并在教学中进行实践。教学工作的普遍科学化，可以大面积地提高教学效率和效果，提高教育、教学的投资效益，这正是教学系统设计的宗旨。学习和运用教学系统设计的原理是推动教学工作科学化的有效途径。

(三)学习教学系统设计有利于培养学习者分析问题、解决问题的科学思维能力与科学态度

教学系统设计是系统解决教学问题的过程,它提供的一套确定、分析、解决教学问题的系统方法、逻辑思维和决策技术,也可用于其他领域和其他性质的问题情境里,具有很强的迁移性。学习教学系统设计除了使学习者掌握教学系统设计基本原理和必要的知识,更重要的就是要让学习者学会创造性地解决问题的方法和技术,培养学习者创造性地分析问题、解决问题的科学思维能力和科学态度。

师范专业的学生除了要有良好的思想品德、扎实的专业基础知识和健康的身体,为了适应未来社会的激烈竞争,还必须掌握现代教育思想和现代教育技术,以便将来在具体的学科教学中能应用先进的教育思想和理念指导教学,利用现代教学系统设计理论和现代教育技术手段培养学生。这样,才能胜任未来教师的工作,才能适应教育改革的挑战。

(四)学习教学系统设计可促进教育技术的实践与理论的发展

教学系统设计是教育技术学科的重要组成部分,是教育技术专业的一门主干课程。它是教育技术理论和思想方法运用于教学实践中的一门应用性很强的新学问。教学系统设计的学习将进一步推动教育技术的实践,也必然会进一步检验教育技术的理论,从而使教育技术的理论在不断总结其实践经验的基础上得到升华和完善。

第二节 计算机信息化教学设计

世界各国或地区大都是在 20 世纪 90 年代后期进入教育信息化时期的,不同国家或地区的教育理论工作者和一线教师都在探索网络时代的教学改革问题。由于各国或地区的经济、政治、文化、历史背景不同,解决信息技术在教育中的应用问题的思路和发展模式也就各有特色。因此,结合中国国情,充分吸收和借鉴各国或地区在教育信息化环境下进行教学设计的方法,有助于发展适合我国国情的教学设计理论。因为 IT 改变了信息的社会分布形态和人们对它的拥有关系,造成了信息的多元性、易得性和可选性,从而改变了人们之间的教育关系。信息化教学设计理论和实践融合了现代的教学理念、信息素养培养的目标和信息化的评价手段,体现了信息化教学的基本原则,代表了信息化教学的发展方向,其实践模式具有在不同学科的教学中复制迁移的可能。

一、信息化教学设计概述

（一）信息化教学与信息化教学设计

1. 信息化教学的概念

信息化教学就是在信息化环境中，教育者与学习者借助现代教育媒体、教育信息资源和教育技术方法进行的双边活动。其特点：以信息技术为支撑，以现代教育教学理论为指导，强调新型教学模式的构建，教学内容具有更强的时代性和丰富性，教学更适合学生的学习需要和特点。信息化教学不仅是在传统教学的基础上对教学媒体和手段的改变，而且是以现代信息技术为基础的整体的教学体系的一系列的改革和变化。

2. 信息化教学设计的概念

信息化教学设计是上海师范大学黎加厚教授提出的，将教育信息化环境下的教学设计简称为"信息化教学设计"，以区别于20世纪90年代以前没有使用计算机和网络等信息技术的教学设计。信息化教学设计就是运用系统方法，以学为中心，充分利用现代信息技术和信息资源，科学地安排教学过程的各个环节和要素，以实现教学过程的优化。应用信息技术构建信息化环境，获取、利用信息资源，支持学生的自主探究学习，培养学生的信息素养，提高学生的学习兴趣，从而优化教学效果。

（二）传统的教学设计与信息化教学设计

信息化教学设计是教学系统设计中的特殊的一种，是在教育信息化环境下所进行的，作为教学系统设计的一个发展方向。教学系统设计以客观主义为理论基础，包括行为主义理论和认知主义理论。整个设计过程是自上而下，包括带行为目标的严格行动计划，并且按计划有组织地顺序展开设计过程。教学设计专家对于成功的教学系统设计至关重要。信息化教学设计则是以建构主义作为理论指导。由于建构主义学习理论强调以学生为中心，教学设计从"以学生为中心"出发，并强调培养学生的首创精神和高级思维技能。整个信息化设计过程是非线性的，有时甚至是混沌的。这种教学设计需要懂得教学内容与情境的开发者。其教学的重点是在意义丰富的情境中发展理解，注重信息化学习环境的创设和学习资源的提供。信息化教学设计并非仅仅指现代信息技术对教学领域的介入。传统的教学设计对于信息技术所持的是"媒体观"，即视信息技术为教学的媒体，用于辅助教师的讲解与演示；而在信息化教学设计中，现代信息技术是学生的认知工具。通过现代信息技术（以多媒体和网络为主）创设学习环境，提供丰富的学习资源，支持学生的自主学习和协作式探索。信息化教学设计的基本特征之一就是网络化，信息化环境需要网络技术的支持。网络能够为学生学习提供丰富而开放的学习资源、极大可能的交互，以及多样的选择。信息化教学设计的一个必要条件就是网络环境，区别于传统的教学设计，信息化教学设计不再是一个封闭的回路，而是一个开放的系统。

总的来说，信息化教学设计把静态的教学设计转变为动态的信息设计，让课堂充满活力、激发兴趣；把传统的教学设计转变为网络教学设计，让解读教材变为引导知识学习；把集体、统一设计转变为个性化设计；从重视结果评价转变为能力评价，关注了学生学会学习、学会创新、综合素质能力的提高和培养。

二、信息化教学设计的基本原则

在信息化教学设计中，要求以建构主义理论为指导，充分利用信息技术手段进行基于资源、基于合作、基于研究、基于研究的问题等方面的学习，使学习者在意义丰富的情境中主动建构知识。它关注了学生能力的培养，关注了学生的学习过程。为此，可以将信息化教学设计的基本原则归纳为以下几点。

（一）强调以学生为中心，注重学习者学习能力的培养

信息化教学设计，强调和主张在信息技术环境中进行学习。教师作为学习的促进者，引导、监控和评价学生的学习过程。

在信息技术环境中进行学习时，学习者的自主性将发挥巨大的作用，包括对于学习内容和学习方式的选择等。因此，信息化教学设计十分重视学习者的主体作用。以学为中心，注重学习者学习能力的培养，不论以"任务驱动"还是"问题解决"等方式开展学习或研究活动，在相关的有具体意义的情境中教授学习策略和技能时，教师都应该充分尊重学生的主动性和自主选择。在这一过程中，教师作为学习的促进者，要引导、监控和评价学生的学习过程，帮助学生掌握主动学习的技巧，使学生能够更好地开展自主学习。同时学生通过信息技术也可以找到更多的高素质"隐性教师"。

（二）充分利用现代信息技术，注重情境的创设与转换，使学生尽可能在真实情景中灵活应用知识

信息化教学设计强调学生的积极参与，而活动的参与需要一定情境的支持，因此在信息化教学设计中应该注重情境的创设，使学生获得与实际相类似的认知体验。同时注重情境的转换，使学生的知识能够自然地迁移与深化。在情境的创设与转换过程中，可借助于信息技术手段，选择和组合各种信息技术，创设一个学习者可以互相合作和支持的地方，在那里他们使用许多工具和信息资源参与问题解决的活动，而不是创设一个学习只能单独孤立进行，不重视知识的实际运用的场所。让学生的学习总是与一定的社会文化背景（情境）相联系，在实际情况下学习，使学生利用自己原有认知结构中的有关经验赋予新知识以某种意义。

（三）充分利用多种工具和丰富的资源，为学生提供良好的学习环境，以保障学习活动的有效开展

信息化教学设计注重对信息技术工具和信息资源的使用进行设计。现代信息技术的发展尤其是多媒体和网络技术的发展，能够为学习者提供信息化学习工具，提供丰富开放的信息化学习资源，为有效开展基于问题的学习和主动探究学习等提供了充分的条件。

这些工具和资源应当同学生的主题任务相关，能够帮助学生完成问题解决的过程，促进学生的意义建构。例如，提供给学生与教学主题或问题相关的网络资源、典型案例，对学生的学习进行一定的指导和帮助等。信息技术工具和信息资源在信息化教学设计中具有不可替代的作用。因此，有关信息化学习工具和资源的提供与设计，也是教师在信息化教学设计中的一项重要任务。在信息化教学过程中，教师要充分发挥信息化学习工具的作用，利用各种信息资源支持学生的学习。

（四）以"任务驱动"和"问题解决"作为学习和研究活动的主线，鼓励学生自己体验学习和检验观点

以"任务驱动"和"问题解决"作为学习和研究活动的主线，主要在于说明学习活动的展开可以围绕某一问题或主题，这些内容来自现实学习和生活中的一些具体事例。同时，也说明了学习活动具有明确的任务性、目的性，学生知道为什么而做，教师的重点放在如何有效地引导学生方面。借助于现实中的任务与问题给学生制定学习目标，学生进行探究性学习，解决问题或完成任务，这样学生可以在相关的有具体意义的情境中获得学习策略和技能，可以通过对问题和主题的主动探索活动来体验学习的快乐，培养学习兴趣。

（五）鼓励合作学习，强调学生间的协作，努力营造良好的心理环境

信息化教学中，协作学习不仅指学生之间、师生之间的协作，也包括教师之间的协作，如实施跨年级和跨学科的基于资源的学习等，但是主要以学习者之间的协作学习为主。学习者通常是以小组或其他协作形式展开学习，在学习过程中互相帮助，共同完成某一项任务目标，实现"问题解决"。每个学习者在中间承担一定的任务，担当一定的角色，学习活动过程成为"学习者身份和意义的双重建构"。学生之间相互协作，共享他人的知识和背景，共同实现组织目标。

（六）突出环境资源的开放性，学习过程中要注意学习内容的适量，保持学习内容的灵活性

整个学习过程的开放性是信息化教学设计的一个特征，也是学习环境、学习资源等信息化教学要素的重要特征。开放包含了丰富和多样，信息技术本身也为开放性提供可以实现的条件。信息技术也为教师和学生提供了形式多样的沟通方式和内容呈现形态，如同步与异步的一—对话、一对多广播与多对多讨论等，这些都为学生开放的学习方式创造了可能性。就学习指导者而言，除了教师，各行各业的专家都可以对学习者的学习予以指导

和帮助。但在这方面凸显资源环境开放性的同时需要注意学习内容的适量，并且要使学习内容具有一定的灵活性。

（七）学习结果通常采用灵活的、可视化的方式阐述和展现

在学习活动结束时，学生应当对自己的学习结果进行总结和展示，同他人进行讨论和协商，以加深对学习过程的理解和反思。这些内容通常以研究报告、演讲、讨论等形式展开。在这些过程中，教师应当对学生的学习成果进行必要的指导和帮助，帮助学习者更好地将学习成果展示出来。

（八）充分发挥评价功能，强调针对学习过程和学习资源的评价

信息化教学设计是一个连续的、动态的过程，在学习过程中，教师通过不断的研究和质量评估，收集数据，使用过程性评价达到改进设计的目的。同时，由于信息化学习资源种类繁多，为了有效地利用信息化学习资源，也必须对资源进行优化选择。

三、信息化教学设计的步骤与方法

信息化教学设计基本上可以分为单元教学目标分析、教学任务与问题设计、信息资源查找与设计、教学过程设计、学生作品范例设计、评价量规设计、单元实施方案设计、评价和修改八个步骤。在整个教学设计过程中，对于各步骤的分析和操作通常是按照这样一个顺序进行的，但必要时也可以跳过某些步骤或重新排序。

就整个教学过程而言，首先要经过分析确定单元的教学目标，即确定通过教学以后学生应该达到的水平和获得的能力。目标的实现需要有效而适合的教学方法或策略，方法和策略的选择在每个学习单元中都应各有侧重。这种选择需要相应的技术工具和资源的准备，要查找和设计信息资源。在信息化教学中比较注重任务驱动或是基于问题的教学，这样的教学需要根据教学目标，精心设计和准备真实任务和针对性强的问题。之后根据任务和问题、学生的学习水平确定资源的提供方式，例如让学生自主探索，还是教师事先收集和整理等。在教学过程中，由于信息技术的介入，学生的学习成果也要求通过一定的电子作品来体现，这样教师还要事先提供电子作品的范例及相应的评价标准。另外，在教学设计和整个教学实施的过程中，评价与修改必须始终贯穿于其中，作用于教学设计和教学实施的各个环节。不断地评价与修改能够保证整个信息化教学设计的开放性和动态性。下面就分步来介绍一下信息化教学设计中各步骤的具体要求。

（一）单元教学目标分析

分析教学目标是为了确定学生通过教学应该达到的水平或获得的能力。即教学活动展开后对目标的一个整体描述包括学生通过这节课的学习将学会什么知识和能力、会完成哪些创造性产品以及潜在的学习结果。

（二）教学任务和问题设计

教学任务和教学问题（包括疑问、项目、分歧等）的设计，是整个信息化教学设计的关键。这个环节主要是根据已阐明的教学目标，设计真实任务、有针对性的问题，让学生在信息化学习中通过解决具体情景中的真实问题来达到学习的目标。

（三）信息资源查找与设计

学习资源对学习活动是一种支撑作用，不同的学习活动可能需要不同的学习资源和学习工具。因此，在信息化教学设计中就要根据任务和问题以及学生的学习水平，确定提供资源的方式，可以要求学生自己按照学习目标查找资源，也可以提供现成的资源给学生。前者教师必须要设计好要求、目的，后者要求教师寻找、评价、整合相关资源或提供资源列表。

（四）教学过程设计

教学过程设计是信息化教学设计的核心设计环节之一。通过教学过程设计，可以做到梳理整个教学过程，使之有序化。一般情况下应写出文字的信息化教案。

（五）学生作品范例设计

信息化教学设计中都有具体的成果，形式多种多样。为了更好地帮助学生以完成电子作品的形式来进行学习，在教学过程中就应该提供电子作品的范例，使学生对将要完成的学习任务有一个感性认识。

（六）评价量规设计

运用结构化的评价工具——量规评价信息化学习（特别是电子作品）。量规的设计应当具有科学性，以确保评价的可操作性和准确性。

（七）单元实施方案设计

具体实施方案设计，内容包括实施时间、分组方法、上机时间分配、实施过程中可能出现的软硬件问题等。

（八）评价和修改

在教学设计过程中，评价和修改是随时进行的，伴随设计过程的始终。

四、信息化教学设计过程的关注点

教师在进行信息化教学设计的过程中，需要把握好以下几个要点。

（一）问题或主题的设计

问题设计的水平是衡量教学设计水平的重要标志，是信息化教学设计的核心。设计问题或主题是指在对整门课程及各教学单元进行学习目标分析的基础上，确定当前所学知识的"主题"。依据学习目标，选出当前所学知识的主题（或基本内容），然后围绕这个主题进行意义建构。最后由教学者或指导者总结和综合，并考虑学习者的实际水平及所有目标达成的可能性进行筛选，最终确定主题，作为对学习内容的规划和设计的主线。教师进行问题或主题的设计时，要求能够重新组织大量知识，激发学习者全身心进行探究学习，深刻理解所学知识，促进学习者高级思维的发展。

（二）学习情境的创设

学习情境的创设要以促进学习者的积极性和主动性作为前提，尊重学习者"探究的需要、获得新的体验的需要、获得认可与欣赏的需要、承担责任的需要"，充分利用网络技术，尽可能创设各种情境，包括问题情境（以激发学生强烈的求知欲、发现欲）、应用情境（让学习者能有多种机会在不同情境下应用所学知识，将知识外化），从而构造出一个有利于学习者开展自主学习的网络化学习环境。

可创设的情境，主要包括故事情境、问题情境、模拟实验情境、协作情境等。

（1）创设故事情境。如在学习"我国的行政区"时，运用计算机教育软件，设计制作动画片《机器猫假期旅游》的故事情境。

（2）创设问题情境。在教学内容和学生求知心理之间设障立疑，问题应该真实、生活化。

（3）创设模拟实验情境，如物理、化学、生物、历史一些学科中的虚拟实验等。

（4）创设协作情境。利用网上多种交流工具如BBS、可视化语音聊天室、电子邮件等，通过竞争、协作、伙伴和角色扮演等方式进行学习，针对某一个问题展开讨论交流，共同完成学习任务。

创设一些结合学习者实际的情境，让学习者在这样的学习情境中进行学习，才便于学习者对新知识的建构。

（三）学习资源的设计

学习资源的设计主要是为了支持学习者的主动探索和完成意义建构，它是指确定学习主题所需信息资源的种类和每种资源在学习主题过程中所起的作用。对于应从何处获取有关的信息资源，如何去获取（用何种手段、方法去获取）以及如何有效地利用这些资源等问题，如果学生确实有困难，教师应制作相关的资源列表，以方便学生查阅，提高学习效率。由于支持主题学习任务的学习资源多种多样，因此需要通过学习资源的设计以避免学生漫无目的地查找信息资源，浪费学习时间，使学生获得可靠、有用的信息。

（四）自主学习的设计

建构主义学习环境下的学习所追求的最终目标，就是让学生能建构知识意义。"意义的建构"要由学习者在适当的学习环境下通过主动探索、主动发现，即通过"自主学习"

才能完成。在信息化教学设计中，要根据教学内容及所选择的教学方法，对学生的自主学习做不同的设计。自主学习活动的方式需要根据教学实践运用不同的自主学习策略来设计。自主学习策略是帮助学生"自主探索、自主发现"的学习策略，其核心是要发挥学生学习的主动性、积极性，充分体现学生的认知主体作用，其着眼点是如何帮助学生"学"。目前比较常用的自主学习策略主要有支架式教学策略、抛锚式教学策略、随机进入教学策略。根据不同的教学策略，对学习者的自主学习应做不同的设计。

（五）评价方式的设计

在信息化教学设计中，其评价理念和传统的教学评价相比较发生了较大变化，主要表现在以下几个方面：更多地关注学生的表现和过程，侧重评价学生应用知识的综合能力；强调学生在学习过程中的主动参与，而且强调评价过程中学生的自我参与和主动参与；资源的开放和多样性，也促使信息化教学设计中对资源要进行评价；评价标准是由教师和学生根据实际问题和学生先前的知识、兴趣和经验共同制定的。

在信息化教学设计中，除了理念上的转变以外，其评价方式也有了一定的变化。主要包括传统的评价方式（测验、调查、观察）、学习契约评价、量规评价、范例评价、学习档案袋评价、概念地图评价、自我评价。

（1）学习契约评价。学习契约又称学习合同，这种评价方法来源于真正意义上的契约或合同。评价设计合格的主要依据将是合约。学习契约的意义和实施方法与日常生活中所说的合约相差无几。在信息化教学设计中，学习契约的实现主要就在于任务的完成、问题的解决、作品的提交、项目的设计等。学习契约这种评价方法能够让学生在完成任务和解决问题时有一个具体的目标或依据，能够对信息化教学进行客观合理的评价。

（2）量规评价。量规评价是利用量规对学生学习水平进行评价的方法。量规是一种结构化的定量评价工具，往往从与评价目标相关的多个方面详细规定评价指标，具有操作性好、准确性高的特点，有利于避免评价的主观因素。随着教育信息化的发展，越来越多的学习任务是以非客观性的方式呈现的。因而，量规这种评价工具的应用逐渐受到重视，量规评价成为信息化教学评价的重要方法之一。

（3）范例评价。范例评价是通过范例展示、参照范例完成学习任务、评价学习过程和成果等环节对学生进行评价的方法。在完成学习任务之前，由教师根据学习任务给出解决该类问题的典型范例。这些范例可以是教师或其他人完成的，也可以是以前的学生完成的作品。学习者可以参照这些范例中解决问题的思路、方法，对照自己的学习过程和学习结果进行自我评价，也可以进行互评。

（4）学习档案袋评价。学习档案袋评价是利用学习档案对学生在信息化教学过程中的学习水平进行评价的方法。学习档案是按一定的目的收集的反映学生学习过程及最终产品的一整套材料。

学习档案中可包含各种形式的学习材料，如录像带、书面文章、图画、计算机编程等。学习档案能使学生检视自己的成长，也能使教师有效地辅导和支持学生达到学习目标的要求。在信息化教学中，学习档案的建立和维持可以自动进行，成为电子学习档案，其中不但可以记录并保持学生的学习过程，还能汇集学生的电子作品等。通过学习档案评价，可以非常清楚地了解学习者在整个学习过程中的表现和学习收获，有利于做出公正的评价。

（5）概念地图评价。概念地图评价是利用概念地图对学生在信息化教学过程中的学习水平进行评价的方法。概念地图是一种用来帮助表现思维过程与结果的工具，可用以指示课、单元或知识领域的组织形态。学生可通过手绘或使用电子工具的方法将概念沿着空间等级层次或时间先后顺序的维度联系起来，形成他们对这些概念关系的理解。利用概念地图进行评价时，可以通过要求学生画出所学内容的概念地图，对学生的学习水平做出评价。

（6）自我评价。自我评价是学习者运用一定的评价工具对自己的学习结果以及在学习过程中的表现进行评价的方法。自我评价的作用是让学习者有针对性地反思与提高自身的学习水平。自我评价多采用问卷调查表的形式设计表单，帮助学习者通过回答预先设计好的问题来产生某种感悟，从而促使他们对自己的学习过程和学习结果进行审视和修改，增强他们的自主学习能力。

五、信息化教案的主要内容

（一）单元教学计划

单元教学计划，具体地描述教学单元的主题、学习目标、学习活动（教学过程）、学习资源等，其中的学习活动和学习资源在很大程度上是由信息技术支持的，因此这种教学计划可称为信息化教案。

（二）学生电子作品范例

学生电子作品范例是指给学生提供参考用的电子作品，可以从各种电子信息源中选取或由教师自行制作。

（三）学生作品评价量表

学生作品评价量表为学生作品提供了结构化的定量评价标准，从内容、技术、创意等方面详细规定了评级指标。利用这种量规来评价学生电子作品，既可以让教师评价，也可以让学生自评、互评。

（四）教学支持材料

教学支持材料是指为支持学生有效进行学习活动准备的各类辅助性材料，如软件工具、资料光盘、在线参考资料、教师电子讲稿等。

（五）单元实施方案

单元实施方案包括教学活动的时间安排、学生分组办法、上机时间分配等。

（六）信息化教学设计评价的主要内容

1. 对学生收集信息能力的评价：能运用网络收集信息资源。
2. 对学生整理信息能力的评价：资料的相关性。
3. 对学生运用计算机能力的评价：演示文稿或网站的制作。
4. 对学生基本实验操作能力的评价：相关工具或软件的操作。
5. 对学生感悟运用所学知识能力的评价：整理某一事物的发展历程。
6. 对学生创新能力的评价：寻找身边事物的不足，提出有新意的创想。

第三节　计算机教育设计

计算机技术应用于课堂教学，是试验中教学手段改革的物质基础。但计算机技术不应只以手段论，应从教学新理论新思想的高度上使计算机技术成为教学设计的一部分，从手段到方法、从实践到理论，以此彻底改革传统教学观，形成完善的教学观。为达到这一目的，计算机教育设计尤为重要，这是由于教学设计是教学思想的具体体现，是教学方法实施的总体构想。

一、计算机教育的指导思想和评价

怎样的教学思想就会导致怎样的教学设计和教学过程。利用计算机技术进行课堂教学，如果是以传统思想作为指导，就一定是把多媒体作为一种单纯的先进教学工具，不可能融多媒体优越性于教学过程中，进而抑制功能优势的发挥，难以转变教学方式，将电化教学变为"电灌"，这样可能适得其反，会把传统的应试教学的弊端推向极端，对新课程试验将产生消极的影响。建构学生认知结构、倡导自主学习的建构主义，已成为多数人认同的先进的学习理论基础。它与新课程试验的重视基础、面向现代化、提高能力、培养综合素质、面向全体学生、发展学生个性有着相当的共性。试验中的课堂教学，必须建立在以学生为主体、充分发挥学生能动性的基础之上，必须在教学过程中形成平等的师生关系，使教师既是知识的传授者，又是学生认知形成、探索未知世界的引导者。

这就是说，计算机教育设计，首先要突破传统的学生被动受教育的格局，使老师学生都成为教学过程中的主体，共同协调发挥作用，拓宽学生的学习视野和学习空间。其次要改变传统教学中，只能以顺序方式进行教学的落后教学形式，使教学过程具有交互性、交叉性、拓展性和研究性，培养学生的应变能力和创新意识。最后要转化学生听、看单一的刺激反应形式，将教学过程变为教师的感染力、示范性与生动运动的形象、丰富的色彩、轻松愉悦的声乐融于一体的教学环境，学生各种器官协同发挥作用，在学习的情境中全面发挥其潜能。

新兴的多媒体课堂教学的效果，不能用应试教育评价的标准来衡量，应从学生认知结构形成的速度，结构的优化，学生素质、能力的提高程度来确定；应从新课程试验目的出发，全面衡量教学改革任务的落实情况。现代学生处在科技日益发展、视野不断开阔、新鲜事物层出不穷的社会环境里，思维发展由直线型变为发散型，感知事物的能力由片面型转向立体型，接受知识的方式由被动型进化到主动型，掌握知识的方法由记忆型逼近于探索型，只以掌握条条本本的多少不能完全刻画他们了解事物的全貌，说教模仿不能满足他们的总需求，应试不是现代学生希望的目标，也不是现代教育的根本目的。教育的全部内容应是使下一代对未来的人如何适应他们所面对不断进步的社会生活环境，如何谁动社会的发展。计算机教育有可能使学生全方位地对事物进行观察分析、对知识形成自己独特的见解和结构，各种素质同步提高，特殊素质优先发展。一堂多媒体课的质量，主要以教师的前缘性引导，教师个人的教学魅力，学生的主动学习，师与生、生与生之间的交流，学生对知识的深刻理解和认知结构的优化，学生的探索创新能力来评价。

二、计算机教育设计的基本原则

计算机教育是当前和未来教学的一种普遍形式，它的教学设计直接影响教学质量，也是推广应用计算机技术必然的准备。根据计算机教育的指导思想和计算机技术的特点，笔者认为，计算机教育的教学设计基本原则包括如下几个方面。

（一）信息情境与学习目标相一致

计算机技术引入课堂教学，使教师过去文字、符号的讲授，语言启发思考的静态刺激形式变得丰富多彩，课堂能够组织、输出更多的信息形式和信息量，使课堂变成一个较大的学习空间。但是每一堂课的信息情境不能是简单的声像堆砌，不能将媒体演播变为讲授式的新变化，也不能一味地使用无连贯性的未经选择的声像，应该在意义上有一定的秩序形式，在情境中有趣味，能为教学目标服务的生动的信息集合。多媒体课堂教学，既要创设丰富资源的学习环境，也要对信息资源、自主学习、协作学习环境进行设计，达到信息情境与学习目标的高度一致。

（二）教师前缘引导与学生自主学习的原则

以教师为主导、学生为主体是目前乃至今后教学的主要教学思想。利用多媒体进行教学，学生对各种信息的接受与处理应有全新的方法。学生要在丰富的情境中利用自己某一方面的信息加工优势，灵活地理解并掌握所学知识。因此，教师不能是对每条信息都进行解释，或者是一味地进行"启发"，当然也不能让学习像看电视节目或听音乐一样各自为政、放任自流。教师应站在超前于学生智力发展的边界上（最邻近发展区），进行前缘性的引导；应适度分析当前的信息，引导学生观察发现、研究归纳，引导学生优化认知结构，进行意义建构。这样既可排除非主要信息给学生带来的干扰，同时又积极使学生独立思考，自主学习。在教学中，要避免抑制学生主动性的发挥，也要通过恰当的引导使学生形成正确的思维品质，形成并改善认知结构。

（三）刺激适度与充分记忆的原则

任何教学方法和教学形式，都应遵循学生生理发展的规律，按照其特点组织教学。我们知道，较大的刺激量能使学生增强注意力，提高学习效率；而过度的刺激会引起过早疲劳，分散学生的注意力，降低学习效率。计算机教育应根据教学要求，设计刺激的方式，准确把握刺激量的大小，积极调动学生的各种情绪即利用非智力因素，以达到提高学习效率的目的。一般的计算机教育，其课堂容量往往比传统教学形式下的容量要大，给学生的刺激程度也较高，这样加速了学习的进程，增加了单位时间内的学习内容，同时也就减少了学生理解记忆时间。如果不充分认识到这一问题，就会造成欲速而不达、事与愿违的后果。这就要求我们在教学中安排的刺激量适度，把握教学节奏，使学生有充分理解记忆的时间和过程。

（四）人机交互与师生交际的原则

多媒体课堂教学通过超文本链接和网络学习，能够实现人机的交互学习，增大了学生学习的自主性。这是计算机教育中的一大显著特点。在教学中，学生可以脱离教师进行学习，而我们许多的教师，容易依赖机器，使讲课的对象与教师分离，减少了师生之间的思想交流和情感交流，忽视了教师的形态、教师的参与及教师的个人气质和教学艺术魅力对学生情感和知识掌握的巨大影响力。因此，在教学中既要充分发挥人机交互的作用，也要在协作学习中，体现师生的相互作用，注重师生交际，使交互与交际两者有机地结合起来。

三、计算机教育设计的基本过程

多媒体课堂教学要设计什么，怎样进行设计，是我们要解决的重要问题。根据多媒体课堂教学的任务，我们要遵循其教学基本原则，确立如何去实现教学目的，明确教学中教师的地位和学生学习的方式及学习效果等问题，从整体上去设计教学。

（一）分析教学内容，确定教学目标

按照课程的逻辑结构（章、节、问题）明确所讲授的知识点，确定每个知识点内容的属性，并分析这些知识点的内容是属于哪一种类型（事实、概念、技能、原理、问题解决

等），进而确定教学目标。

（二）教学媒体的选择

选择教学媒体，就是根据教学内容和教学目标，选择记录和储存教学信息的软件和硬件。注意其目的性、针对性、多样性、适度性以及经济性等原则，按照教学媒体选择的方法和流程进行。

（三）信息情境的创设

多媒体信息是多样化的，信息要进行合理、适度的组合，在某种程度上能够刺激学生，实现当前学习主题和教学目标。

（1）信息资源的设计。确定实现教学目标所需的信息资源的种类，利用资源以突出主题进行组合；使学生在学习过程中具有可接受性，深化学习主题，突破难点，突出重点。

（2）情境创设的设计。情境，又称教学情境或学习情境，是学生参与学习的具体的现实环境。知识具有情境性，是被应用的文化、背景及活动的部分产物。知识是在情境中通过活动而产生的。具体的、充满情感和理智的教学情境，是激励学生主动参与学习的根本保证。教学情境的创设，是指创设有利于学生对所学内容的主题意义进行理解的情境，是教学设计中的一个重要环节。通过有关的信息资源，使教学内容在社会文化背景下，逼近实际生活并与当前学习主题相吻合。通过生动、直观、运动的形象，营造与学习主题气氛一致的生态环境，并动静结合，有效地激发学生的联想，引起积极的观察，唤醒学生长期记忆中的相关知识和感受，从而使学生有新的认识、新的理解，掌握深化的知识，进行新的建构。情境创设要使学生在不同的环境中选择适合他们个人的学习兴趣和爱好，主动地发现和探索，激发学生参与交互式、协作式的学习的积极性。通过教师前缘性的引导，使学生在营造的氛围里感受新的事物，完成对问题的理解，进而运用新的知识形成意义建构。

（3）信息刺激的设计。情境的创设与刺激量密切相关。要正确处理各种信息输出方式、时机和量度的问题。动态有利于引起注意，超量则容易造成可记忆时间缩短、深度的分析理解不能完全消化，从而浮于表面，对知识的自我链接不牢靠。音像有助于营造气氛形成新的感受，使学生在与学习内容一致的愉快氛围里引起共鸣，可减轻学习疲劳，但使用不当会干扰对事物的深入分析，干扰严密思考的进程。因此，信息刺激的设计要从方式、时机、量度、动态、声态几个方面进行全面的安排，达到和谐。值得注意的是，多媒体课堂教学由于显示内容相对较多，速度高于一般情况，特别是显示的内容屏与屏之间无残留性，学生对知识系统的整体感受相对下降，因此要通过概括性的小结和高度浓缩，刺激学生回忆、记忆和进一步理解教学内容，使学生感受系统的完整和连贯，完成知识系统的建构。

（四）学习方式的设计

计算机教育的特点能够很大程度上地改变学生学习的方式。多媒体课堂教学中学习方式的设计，直接影响学生的学习效率和效果，影响计算机教育目的的实现。

（1）交互式学习设计。交互式学习设计要体现各种学生层次的需求，并由不同基础向深化知识趋近，使学生主动地通过交互式的对话，引入一个更高的水平。因此，交互的内容要有随机的进入和随机的处理方式，能够通过选定的典型问题、情境，引导正向迁移；也要通过框架式、树式等形式的填充使学生形成整体认识。交互式学习设计的三个要素是主动性、引导性和探索性。

（2）协作与引导学习设计。协作学习是自主学习的一种特殊形式，是通过分组讨论、协商，以及小组之间提出各组统一见解的学习，是用集体智慧深化个体理解的方式。协作学习离不开教师的引导和指导，它是在教师设计的问题范围内进行的充分思考。因此，协作学习可以是在每堂课的初始期，由教师提出能引起争论的议题开始，并通过设计，步步向教学目标靠拢的后续问题，统一学习认识，使学生在协作之中发挥主动性，进行认知建构；也可以是在教学中对遇到的实际疑难问题展开讨论，教师通过一些变式的问题组让学生明辨是非，深化对问题的理解。在协作学习中，教师要充分发挥主导性，让学生在教师教学艺术的感染下，在其魅力的呼唤下，进入智力邻近发展区，达到充分调动学生的积极性，自主地解决问题的目的。

（五）学习评价

学习评价是指对学生的学习过程及其结果进行评价。它是指依据一定的标准，采取一定的手段对学生通过教学所发生的行为予以确定的过程。学习评价的对象是学生的学习过程及其结果，评价者主要是任课教师。学习评价不能等同于学习测量，测量是人们对事物进行某种数量化的测定，运用各种测量手段获取各种信息，只是对学生行为进行描述，不管其价值如何，而评价则以这种描述为基础试图确定学生行为的价值，即根据测量结果对学生的行为做出价值判断。简言之，学习测量着重于对学习状况的数量化确定，而学习评价则是在测量的基础上着重于对学习状况的"解释"与"判断"。在学习评价中，测量的手段或工具很多，但主要是测验。教师根据测验结果对学生的学习做出价值判断。

第四节 ASSURE 教学设计

一、ASSURE 教学设计概述

ASSURE 模式包括 6 个阶段，即分析学习者（Analyze Learners），阐明目标（State Objectives），选择方法、媒体和资料（Select Methods, Media and Materials），使用媒体和

资料（Utilize Media and Materials），要求学习者参与（Require Learners Participation），评价和修正（Evaluate and Revise）。取这六个阶段的第一个字母就组成了 ASSURE。

ASSURE 是一个系统地计划教学过程（其中包括媒体和技术的应用）的指南。ASSURE 模式假定，对于教学对象来说，培训和教学是必需的，所以在 ASSURE 中不再对教学进行需求分析。而其他的教学设计模式是从需求分析开始的，以确定教学或培训是不是解决当前绩效问题的合理的方案。ASSURE 模式是围绕在教室环境下怎样选择和使用媒体的一套模板，其实质是一种针对课堂教学媒体运用的小型化的教学设计模式。

二、ASSURE 教学设计模式

所有有效的教学都需要进行精心的设计。利用教学媒体及技术进行的教学当然也不例外。使媒体具体化的 ASSURE 模式，是设计和传递教育的一个程序上的指导。下面对 ASSURE 模式做一个简单的介绍。

（一）分析学习者

教学设计的第一步就是分析学习者。学习者可能是学生、受训人员或某单位的工作人员等。为了选择完成教学任务的最佳媒体，你必须了解学习者。学习者的特征可分为一般特征和具体能力特征两类。

1. 一般特征

对学习者一般特征的分析不涉及对教学内容的确定，但关系到对整个教学水平的正确把握、对教学中下文的铺垫以及对具体举例的选择。学习者的一般特征是指他们的年龄、年级、工作类别、职务类别、文化程度、社会经济背景等因素。要知道，对于学习者的一般特征哪怕只是肤浅地分析也会对教学的全局和媒体的选择起到很大的帮助。例如，对阅读有困难的学习者采用非印刷类的媒体就能大大提高教学的效果；如果你的学习者中有人类学家或者文艺界人士，你就要多选择一些他们感兴趣的实例和材料；如果你所面对的是一个特殊的种族或文化群体，你要优先考虑该文化和种族的禁忌，在选择教学媒体的时候也需要高度重视文化差异；如果学习者对主题缺乏兴趣，可以考虑采用高刺激的教学媒体，如戏曲录像带、模拟游戏或其他活动；如果学习者第一次进入新的领域，他可能需要更多直接的、具体的经验，如参观访问、角色扮演等；具有丰富背景经验的学习者可以考虑采用抽象的视听教学材料或文字材料；对不同的学习小组来说，小组成员具有不同的知识背景，可以采用录像带等视听媒体，视听媒体可以从多种渠道传达信息，建构共同的知识基础，使他们具有对某项事物的共同经验，为后续的小组讨论或者个人学习奠定基础。如果教学面对的是一些特征相似的学习者，那么分析学习者的共同特征就是一件必须做的工作。

但是有时候，进行学习者分析是很困难的。如果你教的是一班新学生，没有时间来观察和了解他们的特点。也可能，某一班的学生之间的差异比别的班级要大，很难确定你所选择的教学媒体和教学技术是否符合大多数人的需要。此外，在进行商业培训或者市民培训、兄弟会或者青年俱乐部等培训活动中，确认受教育者的一般特征也是比较困难的事情。

在这些情况下，学生以前的学习成绩记录、直接提问让学生回答问题、与学生交谈等都可以帮助我们了解教学对象的特征。有经验的演讲家经常要面对不熟悉的听众，他们通常会提前到达会场，然后与观众进行简短的交谈，通过这种方式了解观众的一些共同特征：他们的背景、期望和心态。

2. 具体能力特征

在准备一个教学的具体内容时，教师无论自觉还是不自觉地都做了两个假定：其一，假定了在所要教学的领域里，学习者还不了解、未掌握什么，这就是所要教学的东西；其二，假定学习者都已经掌握，这部分知识正是学习者能够听懂教学内容的基础。这两个假定似乎是不言而喻的，但它们实际上是一个教学能够成功的前提。而在实际生活中，把握不好这两个前提的事例实在是太多了。有的时候是对学习者现有知识技能估计偏高，有时又估计偏低。结果不是学习者难以理解，就是学习者感到索然无味。

（二）阐明目标

ASSURE 模式的第二个内容是阐明目标，即阐明教学所要传递的信息、解决的问题、建立的概念、教会的技能、改变的态度、建立的价值标准等方面的目标。在准备教学时必须对这个目标有严格、具体的分析和限定：哪些目标必须达到？哪些目标不可能达到？如何检验和判断这些目标是否达到？这都需要给出明确的陈述。

1. 阐明目标的依据

无论教学的内容、方式和条件有多大的差别，无论是何种水平、何种学科、针对何种对象的教学，都必须事先对教学目标有清晰的阐述，在教学时要认真地把握。否则就会出现那种令学习者厌烦而又无奈的"不知所云""离题万里"的教学。

2. 阐明目标的 ABCD

概括来讲，目标应该包含行为、条件和程度三个层次的含义，再加上行为的主体，也就是学习者一共有四个要素。其英文字头刚好是 ABCD：行为主体（Audience）、行为（Behavior）、行为条件（Condition）、行为的程度（Degree）。为了便于记忆，称之为"目标的 ABCD"。例如，通过计算机文字处理软件培训班的学习，学习者（主体 A）在结业时要能熟练使用中文 Word 软件（行为 B）；能够在一小时内录入、编辑完成 1000 字的日常公文（条件 C），其差错率小于 5%（程度 D）。

（1）行为主体：系统化教学的前提是学生在做什么而不是老师做了什么。只有当学生积极地思考或者积极实践一项技能时，学习才可能发生。不管是练习思维训练还是运动技能都是如此。因为完成学习目标要依赖于学生做了什么，所以目标描述中一定要说清楚是谁的技能发生了变化。

（2）行为：目标描述中最重要的是动词，描述学习完成后学生获得什么样的新能力。如果这个动词描述的是一个可观察的行为，那么这样的描述最可能清楚地表示你的意图。在教学完成后，学生会做什么？含糊不清的词汇，像知道、理解、意识等词不适合出现在教学描述中。好的词汇包括定义、分类和示范等，都表示可观察的行为。

（3）行为条件：教学目标的陈述中要包括对展示技能的环境描述。例如，在描述过量使用酒精的后果时，学生能不能使用笔记？如果要求学生辨认鸟类，使用彩色图片还是用黑白照片？在示范的时候，允许学生使用哪些工具和设备，不允许使用那些工具和设备？例如，一个教学目标可以这样描述："在欧洲行政区划图上，请学生标出主要的煤炭产地。"或者也可以说："在没有笔记、课本和其他图书资料的情况下，请学生写一篇300字的短文，讨论营养与学习的关系。"

（4）行为的程度：对于写好教学目标的最后一个要求是必须指明一个标准，用这个标准来评价学生的行为。如学生必须达到什么样的熟练程度和正确程度，这项标准是否要用定量或者定性的词汇来描述，这项标准是否符合实际的需要。

（三）选择方法、媒体和资料

一旦了解了学习者和明确了教学目标，就确定了教学的起点（学习者目前的知识、技能和态度）和终点（教学目标）。接下来的任务是在这两点之间建"一座桥"。可以从以下几个方面着手：

1. 选择教学方法

不要简单地认为有一种教学方法超过了其他所有的方法，就能够适用于所有的教学环境。随着教学进展，我们需要使用不同的方法来服务于不同的教学内容。例如，教学开始可能需要使用模拟活动，集中学生的注意力、激起学生学习的兴趣；然后用示范方式展示新的教学内容；最后，安排计算机补助的练习活动提高学生的熟练程度。

2. 选择教学媒体

在教学中，最常用的媒体格式包括活动挂图（静态图像和文字）、幻灯片（可放映的静态图像）、音频（声音和音乐）、视频（电视画面上的移动图像）和计算机多媒体（显示器上的图形、文字、移动图像）等。

按照记录和显示信息的方式来看，每一种媒体格式都有自己的优点和局限。选择媒体格式是一项复杂的任务。考虑到媒体的种类、学习者的多样性、各种不同的教学目标，选择媒体的确是一件不容易的工作。

为了简化这项工作，多年来，人们开发出了很多的媒体选择公式，又称选择模型，通常采用流程图或者检验表的方式。在多种媒体选择模式中，教学环境（如大组、小组或者自学）、学习者（如阅读、非阅读、音频偏好等）、教学目标的特征（如认知、情感、运动和人际交往技能等）以及每一种媒体格式（如静态图像、动态图像、印刷文字或者口语文字等）的特征都是要考虑的因素。有的选择模式还要考虑每一种媒体格式的反馈性能。

3. 获取教学资料

显然，如果有现成的符合要求的教学资料，学生可以方便地使用这种资料，那是最好的，可以省时间、省金钱。如果没有完全满足教学目标或者适合学生的教学资料，一种折中的方法是修改现有的教学资料。如果也没有可供修改的资料，那就只能自己设计新的教学资料了。虽然这种方法费时间、费金钱，但是可能是最适合你的学生和学习内容的资料。

（四）使用媒体和资料

完成了以上工作之后，就要决定怎样使用这些材料以及在这些材料上花费多少时间。接着就要备课，准备好所需要的设备和工具，然后开始讲解材料。利用课堂讨论、小组活动或个别化学习来学得内容。无论是对已有媒体还是对自己设计制作的媒体，不同的使用方法是会得到不同的使用效果的。因此，ASSURE 模式要求像重视媒体和材料的选择那样重视对它们的运用。运用是需要进行周密的计划和认真的准备的。在教学前要预先观看和熟悉所选择的媒体材料，进行预演，特别是对媒体间的衔接和连贯性，它们对教学效果的影响很大。

这里介绍一种使用媒体的过程模板，简称为 5P 模型，即预览资料（Preview Materials）、准备资料（Prepare Materials）、准备环境（Prepare Environment）、让学生做好准备（Prepare Learners）、使用媒体学习（Provide Experience）。

1. 预览资料

在使用教学资料之前，一定要预先浏览一遍所要使用的媒体，千万不要贸然使用任何一种教学资料。在选择的过程中，要确定哪一种资料合适。公开的评论、出版商的内容介绍、同行的评价等都是很有价值的资料。然而，这些都不能代替你自己，一定要在使用之前预先浏览所用的资料。只有了解了资料的内容，才能充分挖掘资料的潜在价值，用好资料，提高教师对教学过程的控制。

2. 准备资料

准备需要的媒体和资料，为教学计划提供支持。不管是由教师展示媒体还是学生自己使用，都需要做好准备。以教师为主的课程中，教师需要提前练习各种设备的操作使用。以学生为中心的环境中，要保证学生有足够的资料、媒体和设备。教师作为学习任务的推动者，要保证每个学生获得必要的资料，还要准备一些其他必要的资料。

3. 准备环境

准备好教学的环境，检查媒体、电源以及灯光等条件。教师要提前检查这些条件是否具备，设备是否操作正常。安排好这些条件，让所有的学生都能够看清楚、听清楚。

4. 让学生做好准备

对学习的研究清楚表明，如果学生集中精力准备学习，则学习活动将取得好的效果。类似地，我们注意到在很多商业活动中都有一个"暖场"的过程。可见，让学生做好学习的准备，对教学的展开是非常重要的。

5. 使用媒体学习

如果课堂教学是以教师为主的，那么教师就应当注意"教学的技巧"，要像演员一样能吸引学生的注意力。如果课程是以学生为主的，教师就应当是一个引导者的角色，帮助学生查找 Internet 上的主题，讨论课程内容，准备多媒体的文件夹，或者向学生呈现自己找到的其他信息。教师可以指导学生制作自己的多媒体作品。

（五）要求学习者参与

ASSURE 模式的第五步是要求学习者的参与。这一点对于教学效果影响最大，也是 ASSURE 模式中最具挑战性的一步。忽视了学习者的参与和响应，教学就是单向的传播、单调的注入。而我们知道学习是人类的一个主动过程，如果缺乏学习者的参与和响应，教学的效果是难以令人满意的。在教学过程中，学习者要达到学习目标，就必须对教师讲解的内容进行思考、加工和实践。只有在正确的响应过程中新学的知识和技能才会得到强化。因此，凡是在目标中提出的要求，必须在最后的评估之前给学习者以操练和实习的机会。而且，学习者必须对他们所学到的内容进行练习，教师也必须强化学习者的正确答案。

（六）评估和修正

ASSURE 模型的最后一个阶段是对有效的学习进行评估和修正。评估有很多方式，最常见的是书面考试，评价学生的学习成绩等。这里所说的评估包含两方面的含义：对学生学习成绩的评估、对教学媒体和教学方法的评估。

虽然要等到整个教学单元结束后才能进行总的评估。但实际上在教学前、教学过程中、教学完成后都要进行评估。例如，教学开始前，教师需要评估学生的特征和起点能力，判断所采用的学习资料和教学方法是否合适。资料也需要提前评价。教学过程中，可以采用学生练习反馈、小测验和自评的方法。教学过程中的形成性评估，主要起到诊断检查的作用，可以检测发现和纠正教学过程中的问题，可以尽早发现学生成绩上的困难。

修正是教学过程的最后步骤，检查收集到的评估信息。看一看：所设想的教学目标和实际达到的目标之间是否有差异？学生是否在一个或多个教学目标上有落后的现象？学生对使用的教学媒体反应如何？教师对选择的媒体是否满意？教师应当对课程和课程中所采用的媒体和技术进行反省，并且在课程完成后马上做笔记，在下一次教学前一定要查询这些笔记内容。如果发现在任何方面有所缺憾，就要找出问题加以修正。

第五章　移动网络课堂教学与现代教育系统改变

第一节　移动网络课堂教学与课堂教学制度的改变

有很多教师常常会问，在大规模学习的情况下，学生之间的差异性真正能得到保障吗？学生课后既要完成家庭作业，又要学习微视频，这能真正减轻学生的课业负担吗？诸如此类的问题，是学校在推行翻转课堂时，不得不考虑也不得不认真研究的问题。

实践表明，如果翻转课堂仅仅是加上微视频学习这一环节，而没有在学校教学与管理的整体上加以改革的话，上述问题是有可能存在的。然而，如果学校在顶层上教学与管理流程重新加以设计，那就有可能取得良好的教育效果。

一、基于数据分析的即时走班

（一）走班制概述

所谓走班制，是指学科教师和教室固定，学生根据自己的学力和兴趣愿望，在教师指导下选择适合自身发展的层次班级而上课的一种教学制度。不同层次的班级，其教学内容和程度要求不同，作业和考试的难度也不同。

走班制是"选课制"的产物。班级授课制的诞生，大大地提高了教育效率，但是过于统一的教学要求又在很大程度上限制了学生的个性发展，无法顾及学生的个体差异。

1810年，在德国创办的柏林洪堡大学针对当时的教育时弊提出了"学术自由"的办学原则。"学术自由"事实上又包含着"教学自由"，即教师有"教"的自由与学生有"学"的自由。"选课制"就是在这一基础上诞生的。"选课制"满足了学生的兴趣爱好，给了学生以充分的学习自主选择权，体现了学生的主体地位，赢得了学生的普遍欢迎。

学分制与走班制最初是为配合"选课制"而创设的教学管理制度。以后，它又慢慢地分化出"必修学分"与"选修学分"、"必修课走班"与"选修课走班"等多样化的形式。

学分是用来计算学生学习分量的一种单位。一个学分约等于一个学生在课堂或实验室从事一学时学术工作并且连续一个学期的量。用学分来衡量学生学习的量便是学分制。走班制则是因固定班级无法满足学生选课的需要而采取的班级管理制度。它通常采用在固定的时间、固定的教室由教师讲授课程，而学生从四面八方赶来听课学习的班级管理制度。

选课制加上学分制与走班制，形成了一套相对完整的教学管理制度，有效地提升了教学质量，受到了世界各国教育界的欢迎。在这套制度逐步完善的过程中，它也渐渐地从高等学校向高中延伸。

走班制自20世纪90年代在我国高中出现以来，参与走班教学实验的队伍也在不断扩大。北京十一所学校打破传统分班制，实行分班走课。在该校，教室门口标牌上不再是"几年级几班"，而是学科名与教师名字。学校尊重学生课程的选择权，变一班一张课程表为学生每人一张课程表。另外，据浙江省教育厅报道，2013年前，浙江省有杭州绿城育华学校、浙师大附中、青田中学、义乌义亭中学4所学校实行必修课走班制上课。2014年，试行队伍继续扩大，增加了杭州二中、杭州师大附中、鄞州中学、温州中学、嘉兴一中、春晖中学、天台中学等7所学校。走班教学的实验在我国高中方兴未艾。

（二）走班制的优势与问题

在谈到走班制意义的时候，浙江省教育厅基础教育处副处长说："现在的中学分班是平行分班，几十位学生编入一个班级，学习程度以及对学科感兴趣程度都不一样。大家每天学同样的课程，做同样的作业，考同样的试卷。这样上课，导致程度好的人'吃'不饱，程度一般的人'吃'不好，程度差的人'吃'不了。走班制，把学习程度相近的人聚在一起，老师在授课时更有针对性。……走班制，就是每一节课让每一个学生都听得懂，这对孩子的发展很重要。"

事实上，从中外高中实行走班制教学的实践来看，这套制度有以下几方面的优势。

（1）学生获得与自己最相适宜的发展环境。这套教学管理制度克服了传统的班级授课制度中几十名甚至几百名学生读同一本书、上同样的课、做同样的练习，忽略学生自身成长中发展的差异性和不平衡性等问题。一人一表的走班制能让不同兴趣爱好、不同学习基础、不同学习能力的学生获得与自己最相适宜的发展环境。

（2）学生主体地位彰显。任课教师按照学生的学习基础和接受能力、兴趣特长，确定教学活动。学生也可有的放矢地选择、安排自己的课程结构，学会如何正确评价自己，正确估计自己的能力，并逐渐找到将来发展的方向。

（3）学生的自信心得以提升。走班制学习组织方式条件下，学生按自己的学习水平、自我发展需要、自身的兴趣和特长来选班，能增强其自信心和成就感，尝试到成功的快乐，减轻思想压力，始终保持乐观的情绪和平衡的心态，从而都能获得不同程度的发展。

（4）扩大了学生的交往范围。这种模式加强了同学间的相互影响，有利于增强同一层次学生之间的竞争意识和合作意识。

任何事物都是利弊共存的。立足于学生选择基础上的走班制也同样存在着一定的问题。主要的一个问题是：一旦学生在低年级选择了一门程度较低的课程，他几乎就丧失了以后另选程度较高课程的机会。在美国洛杉矶高中，该校开设的社会科学课程几乎都分三个等级，如世界地理与世界历史分为"世界地理与世界历史（初步）""世界地理与世界历史"及"世界地理与世界历史（优秀生课程）"。美国地理与美国历史也分成同样的三个等级。选修"初步"程度课程的学生没有什么资格要求，而选修"优秀生课程"的则需要平均积分点在 3.3，此外还需要教师推荐。至于理科课程则有高严格要求，比如，该校选修"高等预备微积分"的要求是先修的"高等代数（Ⅱ）"获 C 级以上成绩或先修"三角精要"获 B 级以上成绩，"微积分和离散数学初步"则要求在"高等预备微积分"获 C 级以上成绩。这就是说，如果学生没有选修"高等预备微积分"或者选修该门课程未获得 C 级以上成绩，就没有资格选修"微积分和离散数学初步"。

美国高中对这些选修课程的资格规定是不难理解的，毕竟学习是一个循序渐进的过程，没有前面的知识基础，后续的课程是很难掌握的。然而，事实上中学生心智还未完全成熟，兴趣爱好还在不断漂移，严格的选修课程资格的规定，很可能束缚了那些"慢热型"学生。

（三）基于数据分析的即时走班

社会的进步通常都是与新技术的出现相联系的。如前所述，没有印刷术的发明，就很难有班级授课制的诞生。同样，如果没有现代数字化技术与大数据挖掘技术的支持，以慕课为代表，高效率与个性化高度统一的开放教育也是很难实现的。个性化教学建立在对学生个性充分把握的基础之上，同样，差异化教学也需要对学生的差异有足够的理解。这既包括对学生之间有什么差异的把握，又包括对学生差异程度有多大的精细分析。北京大学教育学院尚俊杰教授指出："大数据提出以后，自然也受到了教育研究者的关注，比如目前以关注学习过程为核心的学习分析（Leaning Analytics）已经成为一个研究热点，尤其在教育大数据的背景下，如何综合应用教育数据挖掘、人工智能、自然语言处理技术，对学习过程中产生的多个层次的数据进行分析，并提出针对性的学习建议策略，成为国际学术界非常关注的问题。"

由此，他特别强调："这方面 MOOCs 就是一个最好的试验田，因为 MOOCs 网站会产生海量的学习过程的数据，就可以利用数据挖掘等技术对这些海量数据进行分析，从而发现学习者学习规律和学习行为。"为学生提供个性化指导，是教育的理想追求，而大数据技术则为这一理想的实现提供了坚实的基础。

从学习规律而言，无论是西方的研究还是中国传统的经验，都说明了一个道理，即学生已知的内容决定了其可能学会的内容。奥苏贝尔曾说："如果我不得不把教育心理学的所有内容简约成一条原理的话，我会说：影响学习的最重要因素是学生已知的内容。弄清了这点后，再进行相应的教学。"这一条原理被称为是奥苏贝尔整个理论体系的核心，他所论述的一切，都是围绕这一原理展开的。我国古代教育家孔子也曾有"温故而知新""以其所知，喻其不知，使其知之"的话语，讲的也是同样的道理。

因而对学生现有学习情况的了解和把握，成了教师教学中的一个重要环节。传统的教学环境中，有经验的教师凭借其多年的教学经验，可以对班内相当一部分学生的学习情况做出较为准确的判断。即使在这样的情况下，教师也很难对班上每一位学生的学习情况做出逐一判断，何况做出的判断只能说较为准确，也不一定十分准确。对于新教师，这个问题就更加突出了。新教师虽然有较为丰富和前沿的学科知识，但是对其所教对象的学习情况，包括学习基础、学习特点以及学习需要等，很难做出准确的判断，因而也很难进行有针对性的高效教学。

当前的信息技术可以帮助教师准确捕捉、分析与呈现学生网上学习的详细情况，如学生学习了什么内容，学到了什么程度，学习某一内容花费了多长时间，以及完整的学习进程是什么样的，等等。这些宝贵的数据信息对于分析和诊断每位学生学习的情况是有力的帮助，也给教师进一步为其提供有针对性的指导提供很好的参照。因而，郑州二中的王瑞校长曾提出：传统教育环境下，教师更像中医，教学中需凭借宝贵的经验积累，才能对学生学习情况做出大体准确的判断；而在信息技术环境下，教师可以做到像西医一样，凭借各种分析诊断报告，就能准确地对学生的学习情况做出分析，并提供有针对性的帮助和指导。因而在信息技术的帮助下，对学生学习的诊断和分析，是用数据说话，而不仅仅是凭借教师的教学经验。当然，这里比喻的不当之处，是无论学生在何种情况下都不是病人，而是健康的人，老师要做的是为其身心进一步健康地发展提供帮助和指导。

现代"学习分析"技术可以清楚地告诉教师某一群体学生学习的状况。比如，一段微视频学习以后，在后续的进阶作业中，有多少学生答对了，有多少学生没做出，有关信息会及时地反馈到教师那里，并可以用直方图等多种形式清楚地提醒教师。

当然，现代"学习分析"技术还可以对学生个体学习情况给予及时的反馈，以便学生有针对性地改进自己学习中的问题。

云计算环境下，由教学专业人员和信息技术专业人员共同设计开发的教学分析和评价系统，可以捕捉和记录学生线上学习的每点信息，并对学生的学习情况，如学习的深刻度、学习的熟练度以及由学习速度折射出的学习取向（兴趣和天赋）等做出判断。在此基础上，由系统自动地对学生第二天上课的地点做出决定，让有相同或相似学习基础、学习取向和学习需要的学生，走到同一个教室内，由相应的教师专门教学，解决其共同存在的问题，组织小组讨论，提供相似的教学指导等。

需要指出的是，这样的分班或走班有三个方面的特点。一是基于数据分析的。它是以学生线上学习过程中所呈现出的各种数据为基础的，学生每天都可能在不同的班里上课。二是及时的。即上课的地点由"学习分析"系统根据学生存在的问题进行最优化处理后实时通知学生。三是各班教学是具有强烈针对性的。比如，同样的化学课：A班主要针对的是学生在置换反应中存在的问题；B班主要针对复分解反应；C班是针对学生已经充分掌握这些知识，目标定位在拓展深化或自主探究的。这种基于数据的实时走班对提升教学质量，促进每个学生的发展，无疑有着重要的帮助。

当然，这需要数字技术的支持。对于某个知识点的学习，利用信息技术来准确地捕捉、分析和呈现每位学生的学习情况。这会给现有的教学管理带来不小的冲击和麻烦，但这是因材施教、个性化指导发展的方向和趋势，是教育规律使然。信息技术的出现，更有助于该项工作的实施。学校可以根据自身的基础和情况，从某一个年级的一至两个学科开始试点，分步实施，总结反思，逐步推进。

二、基于课下先学基础内容的课时调整

实施慕课学习和翻转课堂，在当前也被不少教师质疑，如是否会因延长学生学习时间而加重学生学习负担。在这里，有不少的疑惑需要澄清，也有不少问题有待解决。

（一）教，是为了不教

任何发展都是学生的自我发展，同样，任何学习从根本上来说都是学生的自我学习。学习，终究是学生自己的事情。只有学生能够发自内心地积极学习，才可能成功。因而，养成学生的自主性，既是教育的重要内容，也是教育成功的保障。在当前教育面临激烈竞争的条件下，无论是家长还是学校，都存在着对学生生活安排过度、对学生教学过度的现象。学生什么时间起床、什么时间洗漱、什么时间用早餐、什么时间到校，以及在学校的每一分钟要做什么事情都是被精心安排好的。寄宿制的学校中，学生从一起床，直到学生入睡的每一分钟，都被精心设计好、安排好了。在这种精心的设计与安排下，学生逐渐丧失了自主学习的能力、自主生活的能力。学习中缺乏主动性，这对其终身发展并不是好事。

叶圣陶先生的"教，是为了不教"的主张，今天更需要认真对待。教，是为了帮助学生能够更好地学习，直到学生在没有教师的情况下，也能够学习，也能够学会。学生自己学会，是教的目的。当然，提升学生学习的自主性，既需要教师教育理念的转变，也需要有教育模式和教学方法的支撑。翻转课堂的理念和模式下，知识与概念的讲解，可以在学习任务单或学习指导书等的帮助下，让学生用看视频的方式学习。确保学生学习视频，是学习取得成效的保障，也是提升学生学习自主性的保障。

为了确保学生能够深度学习视频内容，有的教师让学生看了视频之后写出对视频的评论，有的让学生完成相应的练习题，还有的是让学生对视频的内容提出1~3个有趣味、有深度的问题供上课时讨论，等等。这些都能帮助学生有效完成视频学习。相对于课堂上坐在座位上听老师讲解，在视频学习过程中，学生的自主学习能力更容易养成。因为这个过程的完成，需要学生积极地参与，需要认真聆听，深入思考，才能完成作业，才能提出有

深度的问题，才有可能发言参与课堂上的讨论。

（二）课时调整：适度减少课堂教学时间，增加学生自学时间

翻转课堂的实施，需要以学生课前的自主学习为前提。学生课前的学习，一般是在一个人的环境下学习，学得好的可以往前进，没有听懂的可以暂停，查找其他资料，反复听讲；可以站着学，坐着学，根据学生自己的喜好，以较为休闲的方式高效地学习。可以想象，真正愿意学习的学生更加喜欢这种学习方式，而非坐在教室内安静地听讲。

在教学过程中适度增加学生自学的时间，既是培养学生自学能力的要求，也是提升学生学习效益的需要。在增加了学生自学时间的同时，又不能延长现有的学生整体的学习时间，这就要求调整现存的、被视为理所当然的每天7节、每节40分钟的课堂教学制度。

变革的方式有多种，其中一个成功的案例是在"只上半天课"的山西新绛中学。该校打破了上午、下午都是老师在课堂上讲授的教学方式，而是改成：上午，学生在老师的主导下上"展示课"，学生展示自己所学；而下午和晚上，学生则围绕微视频自学。课堂教学改革，不仅提升了教学效益，也减轻了老师机械劳动的负担。诚如一学生所言："学习这活儿，靠老师教不行，主要还是自己去学。"学生自学的时间增加了，堂上学生展示的活动更加活跃了，教学质量提升了，学校的改革受到了学生和教育行政部门的好评。

另一种改革方式是，改变每节课都是40分钟的固定模式。如果有的内容学生凭自学就能掌握好，那课堂上就不一定需要40分钟了，有的课可以调整至30分钟，甚至25分钟。当然各个学校、各门学科各不相同，有的课时还需要保持40分钟。甚至同一门课的不同内容，需要的课堂教学时间也不一样。这节课需要40分钟，下节课则可能只需要25分钟。根据学习内容和学生需要，灵活调整，而非刻板一致的40分钟。

三、与多样性相关的考试评价制度改革

传统的教育评价，注重的是对评价对象的分等鉴定，主要服务于学生选拔、教师考核与奖惩以及对学校进行分等鉴定等管理目的，是一种判断优劣的总结性评价活动。随着我国基础教育的发展，人们对评价的功能与目的的认识也发生了很大变化，通过评价激励学生更好地成长，通过评价促进教师的专业发展，通过评价为学校教育质量的不断提高提供保障已成为我国基础教育界的共识。

评价具有重要的导向作用。翻转课堂作为一种在高效率基础上实现个别化教学的模式，如果没有考试与评价制度的保障，无疑会有很大的障碍。关于注重评价的诊断性与过程性的意义与价值，本书第四章做了详细的论述。不过，需要强调的是，仅仅有校内评价的改革是远远不够的，它还需要学校外部评价的改革。

研究表明，与学生自主性发展、学校个别化教学联系的评价也需要有多样化的评价。

统一性的评价显然满足不了个别化与个性化的发展需要。这些评价有"增值评价""自身进步评价""组织质量评价"等。

（一）增值评价

增值评价，也叫附加值评价。"增值"，即一定时期的学校教育对学生成长发展所带来的积极影响。作为教育评价改革的举措，20 世纪 70 年代初期，美国东北密苏里大学推出了"增值评价"方法。该方法试图确定一定时期内学校教育活动对学生水平增加的价值。其基本假设是，学生入学时的水平与毕业时水平的差异，或学生在校期间的变化情况，可以归因于学校教育；学生变化的幅度，即"增值"的大小，可以看作是学校、课程或教师的教育成就。

这一评价思想也逐步影响到了基础教育领域，受影响最大的就是美国马萨诸塞州的罗蒙内计划。2005 年，美国马萨诸塞州州长米特·罗蒙内为学校改革提出了一个计划，为表现突出的教师增加报酬。虽然在其他领域绩效工资已经是一种很普遍的做法，但是这一提议在美国的公立教育领域里却是一个开创性的举措。该计划最重要的措施是将教师工资与学生学业成就的增值相联系：所有的教师，不管教什么科目，只要学生成绩增值较大或者得到了校长与同事的好评，就会获得 5000 美元的年终奖金。在该州获奖教师的名额不超过教师总数的 1/3。

遗憾的是，罗蒙内的计划因为受到了教师工会及民主党的抵制，时至今日该计划因为没有获得立法机关的支持，还未能在全州范围内实施。

这一评价方法在技术上是存在困难的：学生在学科考试中的分数事实上是不等值的，在百分制的情况下，一个学生从 60 分提高到 70 分，与另一学生从 85 分提高到 95 分，同样的 10 分相等吗？此外，不同学科之间的分数能够换算吗？这些问题，当时在技术上都还未得到解决。更重要的是，罗蒙内的计划加剧了教师间的竞争，这在根本上就得不到教师工会的支持。

在我国，尤其是近年来，学校争夺生源，学生择校日趋激烈，已经成了影响教育公平政策实施的巨大障碍。那些依靠优秀生源的学校，在历年的考试中几乎毫无悬念地占据着"优质校"的地位，"优质校"的品牌又帮助他们吸引了更多优秀的学生。而那些薄弱学校，甚至一般的学校对此只能望洋兴叹，无可奈何。

慕课，作为大规模在线教育的手段，其实，它提供的不仅仅是微视频那样的课程资源，而且为各种评价技术的开发提供了大数据的支持。同时，它也需要基于数据评价说明自身在促进学生个性发展方面独特的优势。

（二）自身进步评价

不同于增值评价，自身进步的评价是一种自己与自己比较的评价。它将自身的进步情况作为评价标准，分析这一阶段与前一阶段自身发展与进步的状况。目前，世界上一些主要国家包括我国的不少政府"智库"或咨询机构常常会发表一些年度进展报告。在本质上，这些年度进展报告就是自身进步报告。

自身进步评价以评价期开始时的现状为评价标准，衡量进步情况，以及评价周期内组织或其成员取得的成就。同时，自身进步评价也要关注在评价期内，组织或其成员存在的不足。这些不足包括期望解决而未解决的问题，以及当前新出现的问题，及时地发现这些问题对组织或其成员的发展与提高是有十分重要的意义的。

当然，只是发现问题还是远远不够的，人们还希望能在发现问题的基础上找到问题背后的根源，以便组织或成员能有针对性地改进自己的工作。大数据挖掘技术在这一方面有特殊的优势。

目前，自身进步评价受到了不少政府部门的重视，学校更应当充分利用现代大数据技术的优势，积极发展自身进步评价。

（三）组织质量评价

所谓组织质量评价，是对一个组织在复杂多变的社会中，适应外部环境，把握发展机遇，获得竞争优势，取得预期成果等能力的评价。

事实上，任何社会活动并非是孤立的，外部各种环境对社会活动及其效果有着重要影响。一个高质量的组织就是能够迅速有效地适应社会变化、满足顾客需要。在工商界，人们不难看到，一些在20世纪还傲视群雄的企业，面对社会变化熟视无睹，故步自封，其结果几乎无一例外地被淘汰出局。而能引领行业改革的都是那些敏于社会变化、善于把握发展机遇的"揽局者"。

教育作为培养人的社会活动也不会例外。社会的发展对教育提出了很多新的要求，也提供了极大的发展机遇。在当今科技迅猛发展的背景下，社会各行各业都发生了极大的变化。然而，之前所引用的鲁伯特·默多克对教育的描述，不能不使人感到遗憾。为此，在当前引进组织质量评价的理念有着十分重要的意义。

教育的组织质量评价要求我们关注社会发展对人才的新要求。随着我国社会老龄化的迅速到来，环境污染的日趋严重，城镇化的加速推进，社会对人才的要求还会与10年前，甚至5年前一样吗？学校的课程设置与教学内容不需要改变吗？师生关系还不需要调整吗？尤其是随着现代科技日新月异的发展，学校的课堂教学模式与教学技术手段不需要创新，教学流程不需要重建吗？

对上述问题的不同回答与应答的行动就构成了组织质量评价的内容。在这一快速变化的时代，这是任何学校都回避不了的问题，历史将对学校的组织质量做出最终的判断。

第二节　移动网络课堂教学与教师的专业成长

任何一项改革，尤其是与课堂教学密切相连的改革，其实施成功，与从事教育教学的教师有着直接关系。教师是决定教学成效的关键要素。翻转课堂也不例外，教师本人对翻转课堂背后所折射的教育理念的理解，对本学科专业素养的把握，对学生的了解程度以及对课堂教学的驾驭能力等，都直接影响着翻转课堂实施的成效。

翻转课堂虽然有前置的视频讲解，但是翻转课堂的实施不是取消教师，更没有降低教师的作用，相反，翻转课堂对教师提出了更高的要求，期待着教师有更高的素养。

一、从知识见长走向综合素质为范

当代教育正在从"知识本位"走向"综合素质本位"，很显然，这对教师提出了更高的要求。在翻转课堂的教学模式下，知识的掌握，可以通过课前的微视频自学来完成，课堂上多出来的时间，则可以更好地让学生在探究活动中形成科学研究的态度，学会科学研究的方法和相应的技能。而社会人文学科的教学，则可以有更多的时间，让学生在展示、辩论、讨论与交流的过程中，发展的洞察力、思辨力和表达力，培养学生相应的情感态度价值观。

教育作为一种有目的、有组织的培育人的社会活动，事实上，它并非是随意的，也不是随便什么人可以随心所欲在课堂上发表不负责任的言论的。微视频将教师知识传授过程置于公众的监管之下，这在很大程度上保证了教学的思想性。

然而，这种时间的增多与机会的增加并不能必然地导致情感教育实效的增强。正如大家所熟知的，学生态度情感价值观的形成是建立在他们的经验与体验基础之上的。人与人之间的交往是影响学生价值观的最重要的变量。正是在这一意义上，我们说：未成年人思想道德问题的根源在成年人身上，提升学生的思想道德水平首先要提升教师的道德水平。

由于目前部分学校领导对教师师德重要性认识不足，疏于管理，责任心不强，个别教师在课堂上随心所欲地发表不负责任言论的情况还客观存在。这就是说，在翻转的课堂上，由于师生交往频率提高，部分教师不健康的思想有可能对学生产生更多负面的影响。

由此，我们可以得到结论：

第一，作为基础教育慕课载体的微视频对推动学科教学领域中的思想道德教育将有重要促进作用。

第二，翻转课堂将为师生之间与生生之间的深度互动提供更多的时间与空间，这一深度互动将极大地影响态度情感价值观的教育。

第三，慕课的实施对教师的思想道德提出了更高的要求。

作为教师，当然要以学科素养见长，但更要有高水平的思想道德修养。所谓"学高为师，身正为范"，就是说，这两者都是不可偏废的。遗憾的是：在部分中小学，学校领导重教师的学科素养，而轻教师的师德修养，这对培养学生全面发展的综合素质是极为不利的。

综合素质导向的教育需要综合素养规范的教师，除了对学科知识有深入的掌握外，在翻转的课堂上，教师还应当有组织学生从事项目探究和问题解决的能力，要有正确引导学生情感态度价值观发展的意识，并以自己的言行促进学生思想道德的发展。

二、从自我中心走向学生中心

长期以来，中小学教师尤其是年轻教师，在教学过程中比较关注如何教的过程：如何备课、如何上课、如何批改、如何辅导、如何评价等。相关的教学论文章也大都围绕着如何教来展开。比较中西方的教学论的论文，人们不难发现：我国的教学论研究大多围绕如何"教"，而西方有关教学论的论文则围绕如何"学"。这一现象不能不引起我们的重视。关注如何教，对于提升教学效益当然是非常重要的，如我国的集体教研制度、师徒带教制度等，深受国内外教育同行的关注与好评。

但是教学过程中需要重视的另一方面，或者说是更为重要的方面，是学生自己的学习活动对其学习成效起着关键作用。学生是学习的主人，让学生自己对学习负责，而不是教师或家长。一切学习都是学生自我的学习。教师的教，应着眼于如何帮助学生更好地学，如何设计与组织相关的教学资源，让学生在学习过程中更为积极、更为主动。

"从自我中心走向学生中心"，这就要求教师在设计教学微视频的过程中，始终考虑如何方便学生的学，要以学生原有的知识基础和情感基础为起点，在教学过程中考虑学生的接受度，教学结束时及时反馈和校正学生的学习，为下一个阶段的学习打好基础。

更为主要的是，在翻转了的课堂上，教师的指导和辅导更是需要在教学目标引导下，基于学生学习的基础和现状来展开。在讨论和解决学生提出的问题的过程中，先要倾听学生的理解，给学生展示的时间和机会，在此基础上再有教师的引导、点拨和总结等。让所有学生在原有的基础上有进一步的发展，是翻转课堂教学的最终指向。

如何根据每个学生的学习基础，有针对性地进行指导和辅导，是一件不容易的事情。在翻转了的课堂上，由于学生事先学习了视频的内容，对知识有了一定的把握。因而，在课堂上重复讲解微视频的内容是没有意义的。一般情况下，由于学生初步地掌握了相关的知识，因此，他们会在此基础上提出各种各样的问题，有的问题是教师没有想过，当场也不一定能够回答上来的问题。这样生成性、开放性的课堂，实现了课堂教学从"预定式"向"生成式"的转变。在这一模式下，课堂很可能并不再按照教师预定的程式进行，这将是对教师新的考验。

走向学生中心，就要求教师关注学生差别化的学习，尊重并引导学生探究性、创造性地学习。

三、从孤军奋战走向团队合作

在改革之初，并不是所有的教师都意识到了翻转课堂的重要价值和意义，也不是所有教师都有兴趣参与这一过程。因而，参与翻转课堂尝试的老师，往往自己制作教学微视频，尝试翻转课堂，探索的过程未免有些孤单。当前，翻转课堂的理念为越来越多的教育同仁所知晓，因而，实践中就具备了从孤军奋战走向团队合作的条件。教同一门学科的老师，在集体教研的基础上，根据课程标准的要求，将不同知识点讲解的任务分配给不同的教师，由他们创作教学微视频，设计进阶作业，录制好之后全体共享。与此同时，在微视频录制的过程中，也可以采取团队合作的方式：资历较深的教师贡献思想和思路，设计如何教学；年纪较轻的教师则在准备、录制以及修改编辑的过程中，多劳动，多付出。当然，也可以和专门从事电教的教师一起合作，共同录制出高质量的教学微视频。

在上课的环节，同样可以采取课前集体研讨、课中相互观课、课后共同反思的方式，不断提升翻转后的课堂教学的效益。在镇江外国语学校的英语翻转课堂的观摩课上，同一节课由两个老师合作来上，一个老师负责教学过程的组织和引导，另一个老师负责教辅的管理和支持，两者相得益彰，成效更好，深受学生和同行好评。

目前，华东师范大学慕课中心与C20慕课联盟正在推出"名师名课工程"，组织全国的优秀学科教师，共同录制覆盖各学科知识点的教学微视频，创建高质量的微视频资源库，以供全民共享。与此同时，C20慕课联盟每月定期召开一次全国联盟学校的翻转课堂教学观摩研讨会，共同观摩、研讨和反思如何上好各学科翻转的课堂。这也是一种更广泛意义上的团队合作方式，对高质量微视频的建设和翻转课堂的高效实施都是重要的推动。

第三节 翻转课堂与教育设施设备系统

理解了翻转课堂理念的中小学教师，会被其实施的思路和效果所打动，然而在尝试实施之际，往往会被实践中不具备相应的条件所困惑，比如，学校没有相关的数字平台支撑，不是所有学生家庭都具备网络环境和个人电脑。所以，有老师会问，如果没有这些条件，还可以实施翻转课堂的教学吗？这里的回答是肯定的，翻转课堂是一种教学模式或思想，主要是为了从以教师教为主转变到以教师教和学生学并重为主，让学生的学习从被动接受状态转变到主动思考和参与的状态。因而，只要是朝着这个教育目标而努力的实践，都是值得肯定的。

我国不少学校实行的以导学案为载体的"先学后教"课堂教学，都体现了翻转课堂的教学理念。学生在导学案的帮助下，先学习相关的学习资料，完成相关作业，对学习材料提出问题；课堂上，围绕师生关注的重点问题，展开讨论和交流，并解答学生的疑问和困惑，都是该理念的重要体现。山西新绛中学的学案课堂，也是翻转课堂理念的重要体现，学生学习了教学材料之后，需要撰写出学习报告，并将相关问题写在学习互动卡上，交给老师。教师根据学习互动卡上呈现的问题，有重点地请学生讨论，再自己讲解。这些都很好地体现了"先学后教"的理念，促进了学生的主动学习。

当然，有条件的地区和学校，可以采用更为先进的信息技术支撑，来更加便捷地实施先学后教的模式。比如，山西新绛中学的学习互动卡，需要学生逐个呈交给老师，教师逐个看完之后才能确定学生的问题。如果该环节能够通过无线网络环境下的学习平台来实现，则会为师生节省不少时间成本。

实施翻转课堂，理想的教育设施设备支撑包括如下几个方面。

（1）师生人手一台无线覆盖的移动智能学习终端。观看教学微视频，在线提交进阶作业，参与网上交流与讨论等学习方式的实现，最好是学生每人拥有一台移动智能终端，如电脑、iPad、手机等。学生在课前的先行学习，可以在家里，也可以在校园内，甚至可以在公交车上、公园内，只要愿意，学生随时随地都可以拿出设备学习。教师也可以随时检查学生学习的状态，并及时回答学生的疑问和困惑。因而，在具备一定经济基础的地区，可以考虑为师生配备移动智能学习终端。比如，温州二中的学生，由教育局给师生每人配备一台iPad，支持学校实行慕课学习和翻转课堂教学改革。再如，深圳南山实验教育集团则是由学生家长给学生配备这样的学习终端。拥有无线网络覆盖下的移动智能终端会为学生的学习提供诸多便利。当然，合理适度使用电脑进行网上学习，需要家长和学校提供共同的教育和保障。

（2）在线的交流互动平台。这一交流平台将为师生之间、学生与学生之间，同校的师生甚至校外的师生网上交流带来极大的便利。在师生具备无线移动智能终端的基础上，课前，教师在线给学生提供微视频学习资源，学生在线上学习，完成并提交进阶作业，遇到不懂的问题，网上求助同学或自己的老师；课中，针对不同学生的学习情况，教师可以更有针对性地给学生推送不同的作业习题，学生完成后立即提交给教师，教师很快知道学生作业完成的情况，在此基础上进一步进行个性化辅导和教学。

上述学习任务的完成，需要学校建设师生交互学习平台。在该平台上，有教师提供给学生的视频讲解以及其他学习资源，进阶作业诊断系统，以及单元测试的评价系统。学生以学生的身份登录，教师以教师的身份登录，两者具备不同的使用权限和管理权限。学生完成学习任务，教师管理、指导和帮助学生的学习，以此更好地辅导学生，及时地掌握每位学生的学习情况，让教学和指导更具针对性。

（3）进阶作业诊断系统和单元测试的评价系统，基于师生交互学习平台的进阶作业诊断系统和单元测试评价系统的建设，需要教育教学领域的专业人员和信息技术人员的合作完成。学科教师根据教学微视频设计的教学目标和教学内容，设计出进阶作业和单元测试的习题，最好针对一个知识点有 2~3 套作业习题和单元测试题。信息技术人员帮助教师在互动平台上设计，师生共享使用。

诊断系统与反馈系统的建设，可以减轻教师重复讲解和重复批改作业带来的工作负担，让教师的时间使用得更具效益，比如，可以更多地和学生交流，有针对性地辅导学生。

当然，这一平台的建设是一项艰巨的工程，耗时费钱。为帮助我国中小学解决这一问题，华东师范大学慕课中心与 C20 慕课联盟已建成"华师慕课"网。它集中了全国最优秀的教学微视频资源，设有在线交流平台，提供网上学习诊断服务。它的出现会给我国中小学慕课的建设与翻转课堂的探索提供极大的便利。

第六章 高校数字化智能校园的信息安全建设

数字化校园的建设包括网络设施、信息资源、应用系统等各个方面，涉及学校工作的各个层次、部门和角度，需要学校领导的积极推动，进行跨部门的协调。数字化校园的运行和使用，在有了好的基础设施和应用平台后，从运用和可持续发展的角度看，更为重要的是需要从组织结构、岗位职责、人员培训、制度与规范等方面，建立一套完整的符合学校实际的运行管理机制，来保证整个系统的安全、稳定和高效运行。因此，必须健全数字化校园组织管理体制，实施对数字化校园的科学、规范管理。

第一节 校园教学管理信息化的延伸与发展

一、新媒体在校园教学中的应用

媒体是指承载、加工和传递信息的介质或工具。当某一媒体被用于教学目的时，作为承载教育信息的工具，则被称为教学媒体。从20世纪70年代末开始，我国高校的教学媒体开始起步，主要分为听觉、视听、计算机多媒体和网络教学辅助媒体四个阶段。20世纪70年代末、80年代初，高校主要以无线电广播、收音机、录音机等听觉媒体为手段。1979年中国成立广播电视大学，20世纪80年代办起了电视师范专科教育，大学教学除了录音设备外，多了幻灯机、投影机、录像和电视机，电影电视广泛进入大学教学，从而结束了单向媒体的历史。电影电视以动态、真实的表现形式，深受广大学生的喜爱。近年来，计算机多媒体和计算机网络具有人机交互功能，集声像、语言、图片和色彩多方位刺激的教学手段于一体，带来了整个教学过程的巨大变化。这些新型媒体以丰富的信息和传递便捷、交互性强的特点，大大改变了传统的教学模式和学习方式。

（一）新媒体的界定及其特点

1. 新媒体的界定

对于新媒体的界定，现在尚无定论，美国《连线》杂志的定义为"所有人对所有人的传播"。以清华大学熊澄宇教授为代表的观点认为，"新媒体构成的基本要素有别于传统媒体，否则，最多也就是在原来的基础上的变形或改进提高"。笔者认为，新媒体相对于传统媒体而言，是报刊、广播、电视等传统媒体以后发展起来的新的媒体形态，是利用数字技术、网络技术、移动技术，通过互联网、无线通信网、有线网络等渠道以及电脑、手机、数字电视机等终端，向用户提供信息和娱乐的传播形态和媒体形态。新媒体的特征是具有交互性与即时性、海量性与共享性、多媒体与超文本、个性化与社群化。

2. 新媒体传播的特点

与传统媒体相比，新媒体的传播有很多新的特点：

（1）新媒体传播是一种多媒体的全传播，基于网络的新媒体运用文字、图片、声音、图像等手段，全方位、多角度地为受众呈现事物原貌。

（2）新媒体传播走向了分众传播，实现"个性化"和"一对一"的传播，根据特定媒体受众群需求而制定满足其使用的传播策略以及传播方式。

（3）新媒体传播是一种渗透式传播，突破时空界限，受众通过手机、网络、楼宇电视等无处不在的新媒体，随时主动或被动地参与到传播过程中。

（4）新媒体传播具有高科技的特性，无论是网络，还是手机和数字电视，新媒体的传播都离不开技术的支持，这样的特性也决定了受众必须具有相应的新媒体工具使用能力。

（5）新媒体传播具有很高的交互性，反馈迅速、及时，受众观点可多元化呈现。

（二）新媒体在教学中的应用

笔者以钦州学院的新媒体建设为例探讨新媒体在教学中的应用。2011年钦州学院开始陆续购置了30多套交互式电子白板和超短焦投影，2012年建成了网络教学综合平台，2013年引入了10多套交互式触摸一体机，大大推进了本校在新媒体环境下的教学信息化改革以及网络教学实践，提高了信息化教学水平。

1. 利用交互式媒体打造灵活的、多联结的多媒体学习空间

在一个60多英寸的交互智能平板（触摸一体机）屏幕上，教师可以直接操控计算机以使学生聚焦于教学内容展示，改变传统多媒体教室单向传播的缺陷。交互式电子白板、交互智能平板等交互式媒体的使用，可以加强课堂互动，优化课堂结构，便于灵活实施教学。基于两年来我校对交互式媒体在课堂教学中的实践，结合交互式电子白板及交互智能平板的功能，对其在教学中的主要应用优势分析如下。

（1）注解、编辑功能：可以直接在上面标注或书写文字，能随时灵活地引入多种类型的数字化信息资源，并可对多媒体素材进行灵活的编辑、展示和控制。

（2）绘图功能：交互式电子白板拥有丰富的各学科工具、元件、仪器图，便于实验设计和学生参与到学习过程中。比如，在实物连线实验教学环节中，需要在白板上画出电路实验需要的仪器的时候，操作简单，学生都很有兴趣，踊跃参与。学生获得了一个实践参与的机会，充分体现了交互、参与的新课程理念。

（3）存储与回放功能：写在白板上的任何文字、画在白板上的任何图形或插入的任何内容都可以被保存，可供以后教学使用，或供以后与其他教师共享；也可以打印出来以印刷品的方式分发给学生，供课后温习或作为复习资料。这样不仅提高了课堂效率，还能帮助学生在课后实现知识的巩固。

2. 推进网络教学平台的应用，创设开放、共享的网络学习环境

钦州学院自 2006 年升格为本科院校以来，以自治区高等教育教学软件大赛为契机，以重点专业、特色专业的重点课程及公共课为重点，建设了网络课程、多媒体课件等一批丰富的教学资源，配合精品课程、精品视频公开课的建设，带动了全校教师开发优质教学资源，也不断推动了网络教学平台的建设。

钦州学院的网络教学综合平台目前有专业建设、精品课程、应用型教学、教学资源中心等模块，以及推荐课程、任课教师、教学名师、材料下载等栏目。

（1）利用精品课程模块，共享精品课程视频资源以及课程材料。精品课程模块包含精品课程展示、精品课程研究、精品课程通知和视频公开课等内容。校内各类精品课程的教学材料和相关内容都可以通过平台共享，师生通过校园网或互联网等途径，不受时空限制，随时获取大量的教学资源。

（2）重点打造教学资源库，为学生创设开放的网络学习环境。教学资源库，顾名思义，是储存教学资源的地方。其中包括各种可用于教学的素材，如文本、多媒体视频、图片、Flash 等。钦州学院的网络教学综合平台的教学资源库是按照院系、专业、学科分门别类进行储存的，导航清晰，使用方便。任课教师可以上传或更新教学资料，如教学讲义（包含整门课程的内容并与课堂教学内容相辅相成）、课件（PPT 格式）等有关教学方面的资源。教师可以要求学生通过网络教学综合平台辅助学习课程内容，进行答疑讨论和经验交流，按时提交作业等。教师可以根据课程或实际的变化，不断地整理、制作和借用教学资源填补其中，保证其中资源的时效性、精确性。学生也可以上传分享自己独有的资源，以资源的质量和下载的次数排序。各学科之间交互的部分，由交互的老师共同制作素材，使教学素材的内容更加丰富和有连贯性。比较大或者需要素材多的院系可以建设子资源库，单独存储本院系的素材。资源上传时可以设置资源公开程度，并且需要通过平台管理员的审核，确保资源的质量。资源库拥有多重资源检索模式，自带内部资源检索。

教学资源库的建设，使学生可以在课外利用计算机网络这个现代化、开放性的学习工具获取课内无法得到的一些优质资源，并且使资源实现了共享，提高了资源利用率和教学效果。

（三）新媒体环境的不断完善

随着新媒体在高校教学应用中的普及与推广，教学过程中教师与学生之间的关系、学生与学生之间的关系、教室与教师之间的关系都发生了明显的变化，高校的教学方式也随

之发生了巨大的变化。不管是教师还是学生，面对新媒体带来的这种变化，显然还没有做好充分的准备。笔者认为，要使师生更加适应新媒体的教学应用，不断完善新媒体环境，提高教学效率，优化教学效果，应继续转变观念、加强改革。

（1）教师要转变观念，提高对交互式媒体及网络媒体的应用能力。教师上课之前，要熟悉电子白板等新媒体各种功能的操作，熟悉电子笔的使用、各个工具栏的功能，注重其交互性，这样在教学活动设计时才能有意识地将白板所带有的交互能力融入自己的教学设计理念中，而不是仅仅将其当作高级黑板和演示工具。

（2）全面开展网络辅助教学，推动教学手段的改革；加强建设网络课程，实现教学资源数字化和教学互动网络化，继续广泛开展教育教学资源库建设，将院系专业、教学团队、精品课程和教学资源建设的成果结合起来，全面动态地反映教学成果，扩大影响。

（3）开展新媒体专题培训，开展新媒体环境的教学交流，加大新媒体教学场所的开放力度。

（4）积极丰富"网络教学资源库"的素材，引导师生自主获得所需资源，利用"网络教学资源库"有效管理、聚合并加以共享学校自建资源和成果，将现有的CIA课件、音视频文件、立项建设的成果等优势课程资源上传到网络教学资源库；同时利用培训等方式宣传、展示网络教学资源，介绍查看、查询、下载资源的方法，并引导教师使用网络教学资源库辅助备课，吸引学生浏览资源，使其开阔视野，从而提高资源利用率。

二、高校新媒体教学环境构建与管理

随着现代高科技在教育领域的应用，计算机教育环境——多媒体教室的建设在高校飞速发展。多媒体教室的建立不仅提高了教学效益和教学质量，同时为传统教学模式提供了新的平台。如何充分、合理、安全、科学地构建与管理多媒体教室，满足计算机教育需求，保障计算机教育的正常进行是当前教学管理部门亟待研究和解决的问题。

（一）多媒体教室构建的原则

1. 实用性

实用有效是主要的构建目标，只有操作简单、切换自如、效果良好，才能最大限度地发挥设备的作用。

2. 可靠性

人机安全、设备的长期稳定运行等可靠性要点作为系统构建方案的首要设计原则，以保证系统在运行期间，为用户执行安全防范和高质量服务管理提供有效的技术支持手段，为用户降低系统运行方面的人工和资金成本。

3. 兼容性

不同厂家、不同型号的同类设备具备兼容性。

4. 先进性

设备的选型要适应技术发展的方向，特别是中央控制软件要充分体现整个系统的先进性。

5. 扩展性

多媒体教室能和 Internet 相连，能调用教室外教学资源是多媒体教室可扩展性的首要标准。

6. 安全性

考虑到多媒体教室的多用性，即在非教学时间提供学生使用教室（不便用设备）的设备安全性，操作台应根据设备规格定制并兼顾防盗、防火。

7. 便捷性

改变以往教师上、下课开关设备的烦琐问题，采用一键关机或远程控制关机（使用继电器根据设备操作流程分时控制设备的开关时间），方便教师操作。

8. 经济性

系统设计和设备选型应注重实用功能，降低总体投资，求得先进性与经济性的完美统一，做到设备性能、价格比的最好综合，从学校教学管理的实际需求出发，摒弃一切学校不需要的华而不实的东西。

（二）多媒体教室的构建

多媒体教室的构建应根据构建原则，科学、合理地选择设备。设计多媒体操作台，根据学科需要及拟建多媒体教室的位置、形状、大小、座位数量，相对集中地构建多媒体教室。根据管理方式，可分为单机型和网络管理型多媒体教室。

1. 单机型多媒体教室的构建

单机型适合多媒体教室相对分散的区域，或是对设备要求较简单的部分学科的计算机教育。

（1）电子书写屏

电子书写屏的使用省去了显示器，并替代了黑板的传统书写功能。目前主要产品有WACOM、伯乐在线等，其主要功能为同屏操作、同屏显示、自动排版、文书批改、手写识别、动态标注、后期处理等。电子书写屏的使用可有效避免多媒体教室设备使用粉笔灰尘过多而导致故障并影响设备的使用，尤其是投影机因灰尘过多而频繁保护停机以及液晶投影机的液晶板因灰尘过多产生物理性损伤，同时提供给教师洁净的教学环境，有益于教师的身心健康。

（2）中央控制器

采用具有手动调节延时功能的中央控制器，设定时间控制投影机、功放、投影幕布、计算机等设备的开关，保证投影机散热充分，延长投影机灯泡和液晶板的使用寿命，并防止多个设备同时通电和断电时对设备的损坏。

（3）投影机

根据多媒体教室的大小配置不同亮度和对比度的品牌液晶投影机，一般情况下，亮度和对比度越高，投影机价格越高。因多媒体教室的后期耗材消费主要是投影灯泡，品牌投影机的选用将有效避免投影灯泡购置的困难，保证质量；同时要注意选择高使用寿命和灯泡亮度稳定的 UHP 冷光源灯泡的投影机。

（4）扩音系统

扩音系统的配置需根据多媒体教室的大小、形状及教学声音环境要求选择，应选用无线话筒，利于教师在教学时表现其形体语言。目前使用的扩音设备有两类：壁挂式和组合式。两者都具备线路输入功能，能满足相应音源的扩音需要。有的学校多媒体教室使用移频增音器，教师在短距离内脱离了话筒的束缚，但过多地衰减了低频和高频，且扩音效果也不尽如人意。

（5）操作台

操作台应根据设备规格科学合理地设计定制，满足使用的方便性（如教学需用设备接口的安装），并兼顾防盗性。操作台门锁采用电控锁，通过中央控制器实现一键开、关机，即一开即用、一关即走，极大地方便了教师的使用。

单机型多媒体教室在构建中应根据计算机教育特点采取优化措施，不用录像机、DVD、展示台、卡座等不常用或多余设备，使整个系统简洁明了，利于教学与管理。

2. 网络管理型多媒体教室的构建

网络管理型多媒体教室适合多媒体教室相对集中的区域，根据各学科需要构建功能不同的多媒体教室。该配置与单机型多媒体教室配置的不同在于采用网络中央控制系统，操作可采用网络远程控制和本地控制，增加了监控系统，其相关功能如下：

（1）中控系统

网络管理型多媒体教室采用的是网络中央控制系统，包含教室网络中控和总控软件。该系统集成度高，接口丰富，功能强大；内嵌网络接口，采用 TCP/IP 技术，可通过校园网互联，实现远程集中控制；具备网络、软件、手动面板三种控制方式选择；具备延时功能，防止通断电时对设备的损坏。

（2）操作台

操作台与单机型多媒体教室相同的是也根据设备规格合理地设计定制，满足使用的方便性（如教学需用设备接口的安装），并兼顾防盗性。操作台门锁的开启可通过网络远程控制，也可本地操作，即与中控系统联动的控制锁同时也是操作台的门锁。多种设备联动实现系统的一键开、关机，即一开即用、一关即走，方便使用。

（3）监控点播系统

监控系统的使用有利于管理人员远程掌握教学动态，相关控制软件使得教师所用计算机屏幕内容与上课音视频同步录制，通过该系统实现即时点播和转播功能。

（4）对讲系统

对讲系统的使用有利于即时发现、解决问题。目前对讲实现方式有多种，如双工对讲系统、半双工对讲系统、电话方式对讲系统、网络 IP 电话方式等。

（三）多媒体教室的管理

目前高校教学基本建设不断发展，多媒体教室不断增加，只有不断完善多媒体教室的管理才能保证计算机教育的正常进行。

1. 管理制度建设

教育技术与课程整合不断深入，教师使用多媒体教室的需求不断增多，教师的教育技术水平参差不齐，结合实际，制订相应管理制度，规范计算机教育日显重要，主要考虑以下几点：

（1）多媒体教室设备使用需提前预约，统一安排。

（2）教师按操作规程操作平台，不得私自搬动设备和接线，无关人员不得操作多媒体设备。

（3）不得在计算机内设 CMOS 密码和开机密码、修改和删除原有 CMOS 参数和应用软件。

（4）课间休息应关闭投影机电源，以便提高投影机使用效率。

（5）课后教师应按操作规程退出系统。

（6）课后教师应填写使用登记表。

2. 管理系统建设

管理系统建设分为多媒体教室教学管理系统和多媒体教室网络控制管理系统。教学管理应由目前普遍使用的人工安排多媒体教室逐步过渡到网上预约，通过开发适合本校实际的计算机教育管理系统，采取智能化预约，提高计算机教育的管理效率。

多媒体教室网络控制管理是指通过该系统可在主控室控制多媒体教室内的相关设备，实现设定功能，并能实时与任课教师交流，保障教学正常进行。应根据教学实际多方论证，选择适合本校的计算机教育系统。多媒体教室网络控制管理系统的实施将使反映问题和解决问题变得更加快捷。管理上的方便、直接和高效，解决了多媒体教室数量增加后，管理复杂、人员紧张的难题。

3. 管理人员建设

以人为本，明确人才队伍建设对多媒体教室管理的作用与地位。在加强多媒体教室硬件建设的同时，应注重和加强管理技术队伍的建设。多媒体教室管理技术队伍是多媒体教室建设的骨干力量，对保障计算机教育正常进行及教育技术与课程整合起着重要作用。因高校各学科教师对计算机技术掌握程度不一，管理人员的任务不仅仅是建设、管理好多媒体教室，同时应根据教师的需要而担负起计算机技术培训的任务，更好地为教师服务、为教学服务。

在人员建设方面应逐步引进高学历、高层次人才充实到管理技术队伍中来，改善队伍知识结构。对现有技术人员制订培训计划，定期到国内名校进修，特别重视新技术的学习与消化，提高业务水平和实践技能，以适应技术的发展和计算机教育的需要。重视和发挥管理技术队伍的作用，用好人才，积极创造条件，调动人员的工作积极性。加强考核，建立人员考核制度，提高队伍的整体素质，造就一支业务水平高、奉献精神强、富有团结协作精神的管理技术队伍，使其为学校教学科研工作做出积极贡献。只有不断优化结构，提高人员素质，建设高水平管理技术队伍，才能充分发挥现代信息技术的作用；同时，通过多媒体教室的构建，在实践中积累经验，完善多媒体教室建设，更好地为教学服务。

4. 管理方式建设

多媒体教室使用人员广，操作水平参差不齐，使用频率高。应根据不同配置，采用相应的管理方式。这对优化管理资源显得极其重要。

（1）自助式管理

自助式管理是指教师掌握计算机技术及设备操作规程后，对所使用多媒体设备实行自我管理。每学期开学初，对使用多媒体教室的相关教师根据使用教室的设备差异分开进行技术培训，内容为多媒体教室使用规章制度、操作规范以及多媒体基础知识等，培训结束后发给相应的资格证书；并在使用开始一段时间后投入管理人力现场跟踪，记录相应教师的操作能力，有针对性地再培训。对能独立操作的教师核发独立操作证书，对其使用教室采用自助式管理，上课前到规定地点领取相关钥匙即可，设备的开关由教师自行操作。在自助式管理过程中，管理人员应加强对多媒体设备的课后维护，对每次检查结果及时登记备案，发现问题及时解决，保证下次课设备正常运行。自助式管理适合相对分散，无法或不适合安装管理系统的多媒体教室。该措施的实施能有效缓解管理人员紧张的局面，当然需要相关职能部门的配套支持。

（2）服务式管理。

对实行网络管理的装有监控系统的多媒体教室实行服务式管理。服务式管理是指教师无须对设备开关进行操作，通过网络管理系统对开课多媒体教室教学用设备在上课前5~10分钟全部开启（投影机、计算机、展示台等设备），教师直接使用设备即可。管理人员通过监控系统全程监控设备使用情况，并在上完课后，检查设备状况并关闭设备与操作台。

自助式管理与服务式管理都应在管理过程中加强设备管理，加大巡查力度，做好记录，即时了解设备使用状况、投影机灯泡的使用时间，定时还原计算机系统等。这极大地方便了教师的使用，提高了效率，同时体现了管理为教学服务的思想。多媒体教室的构建与管理是一项系统工程，科学、先进、规范的管理是计算机教育的基本保证。管理人员应在实践中不断摸索，及时沟通，以教学为本，加强管理机制，最大限度地保障计算机教育正常进行，促进技术与课程整合。

三、高校课外学分认证统计信息系统的设计

（一）课外学分统计信息系统相关研究

1. 课外学分简介

课外学分，一般称为课外活动，指在正常课堂教育教学之外，根据受教育者的需求和自身的努力以及教育、教学的需要，对教育者有目的、有计划、有组织地在直接或间接的指导下，实现教育目的的一种活动。课外学分是校园最为显性的一个层面。它以学生为主体，包括文体政经、志愿服务、学术科技、兴趣爱好等内容的多种活动，它是学校教育的重要组成部分，是课堂教学的有益补充，对于不同学科学生来说，通过选择课外活动，可以多学一些本学科以外的东西，不同学科相互渗透，相互交叉，可以使知识不断丰富，融会贯通，对于人才的培养有重要的作用。

课外学分，是我国高校大学生学习生活的重要方面，构成了大学生的业余生活的重要部分，有利于发展学生的特长，激发同学们学习的兴趣和积极性，有助于开发学生的潜力和创造性，培养学生分析问题和解决问题的能力，促进学生的全面发展。通过课外学分系统，不仅丰富了大学生的业余生活，拓展了视野，提高了综合能力和实践能力，还使学生能够初步了解社会，特别是通过参加学术类活动，提高了专业知识，了解了本领域的前沿技术。同时，课外学分是大学生探索自我、发展人际关系的天地，是生活教育实践的场所，是引导大学生参与社会、塑造健全人格，促进大学生全面发展最自然、最直接、最有效的教育方式。

综合上述，课外学分系统为学生德、智、体、美全面发展提供了一个平台。通过课外学分，可以对学生进行思想品德教育，在活动中，加深了学生对思想观点和道德意识的自我认识，调动了学生学习的积极性，激发了他们的求知欲和好奇心，在充分发挥独立自主精神的条件下，开阔视野，提高技能锻炼，使学生将理论知识应用于实际工作中，培养学生多方面的兴趣爱好，增进身心健康，提高他们在未来的学习、工作中继续探索的勇气。

课外学分能引导大学生树立正确的人生观、道德观、价值观，摆正个体价值与社会价值、理想价值与现实价值、道德价值和功利价值等之间的关系，均衡各个关系，实现人生价值，肩负起建设中国特色社会主义的伟大使命，真正实现祖国繁荣富强，人民幸福安康。

2. 国内外研究现状

（1）国内课外学分研究现状

在国内，大学生课外学分一般称为课外活动，主要是指以科技活动、文艺活动、体育活动、实践创新、沟通交际等内容为主的活动。这些活动的组织大多在校团委的指导下，由学校各协会主办。我国最早的课外学分是西安交通大学1999年在本科生中实施《课外实践必修学分培养方案》。方案中规定："学生在校学习期间，除完成课内必修、选修、实践环节等学分外，还必须获取8个课外实践学分，方准予毕业。"

目前，在中国知网检索大学生课外活动，关于这方面的文章不多，每年100篇左右，而且大多数是理论上的研究、形式上的活动，没有具体的应用软件来管理，大都以教务系统为载体，依靠社团每年给学生加几个学分来计算。全国80%的高校都实施了《本科生课外教育学分考核认定办法》，但多数并没有将其作为必修课纳入教学考核范围，只作为一门考查课，仅供参考。

（2）国外课外学分研究现状

国外的课外学分，对大学生能力培养方面更加注重，投入的时间、精力、资金更多。现在，在哈佛大学，一个全日制在校大学生每周只需在教室里听课12—18小时，而用于课外活动的时间为22小时左右。然而，在我国的大多数高校，一个全日制大学生一般每周在教室里听课达到24—26小时，而课外活动时间又被大量习题所挤占，根本没有时间来参与其他活动。

在国外，很多高校通常从政府、社会慈善机构、公司以及高校自身四个渠道谋取资金，他们的专项基金通常依靠政府补贴、社会赞助、国际基金组织支持、学校支持等。在这样的环境中，国外很多大学的学生课外活动能够较好地落到实处，真正实现学校教育与专业、与社会接轨，学生也因此会产生成就感和自豪感。课外学分的活动内容更加丰富，形式更加灵活，不仅局限在学校，也有福利院、医院、教堂等公益活动，还参与到政治、经济、军事、法律等活动中。

3. 系统技术基础

（1）C/S 与 B/S 结构

① C/S 结构

C/S（Client/Server，即客户端/服务器模式），分别为客户端和服务器。C/S模式的工作原理：Client 程序的任务是将用户的要求提交给 Server 程序，再将 Server 程序返回的结果以特定的形式显示给用户；Server 程序的任务是接收客户程序提出的服务请求，进行相应的处理，再将结果返回给客户程序。C/S 模式的结构形式是一种两层结构的系统：客户端系统上的表示层与业务逻辑层为第一层，网络上的数据库服务器为第二层。因此，C/S 模式的软件系统主要由三个部分组成，即客户端应用程序、服务器管理程序和中间件。

课外学分统计信息系统客户端用 C/S 模式，因为 C/S 模式具有很多突出的优点，举例如下。

交互性强：在 C/S 模式中，客户端拥有功能丰富的应用程序，包括出错信息提示和在线帮助等方面的强大功能。

响应速度快：由于 C/S 模式的客户端与服务器直接相连，没有中间环节，因此，对相同的任务而言，C/S 模式的响应速度要比 B/S 快。

数据的储存管理功能较为透明：在数据库应用中，数据的储存管理功能，是由服务器程序和客户应用程序分别独立进行的，在服务器程序中集中实现，所有这些，对于工作在前台程序上的最终用户来说是"透明"的，他们无须过问背后的过程，就可以完成自己的一切工作。

服务器端负荷轻：服务器程序被启动，就随时等待响应客户程序发来的请求；客户应用运行在用户自己的电脑上，对应于数据库服务器，当需要对数据库中的数据进行任何操作时，客户程序就自动地寻找服务器程序，并向其发出请求，服务器程序根据预定的规则做出应答，送回结果，应用服务器运行数据负荷较轻。

② B/S 结构

B/S（Browser/Server，即浏览器/服务器模式），是 Web 兴起后的一种网络结构模式，Web 浏览器是客户端最主要的应用软件。这种模式统一了客户端，将系统功能实现的核心部分集中到服务器上，简化了系统的开发、维护和使用。客户机上只要安装一个浏览器（Browser），服务器安装数据库软件，浏览器通过 Web Server 同数据库进行数据交互。

B/S 模式的工作原理：客户端运行的浏览器软件以 HTML（Hyper Text Markup Language，超文本标记语言）的形式向 Web 服务器提出访问数据库请求，Web 服务器在接受客户端的请求之后，首先以 SQL（Structured Query Language，结构化查询语言）语法的形式交给数据库服务器，数据库服务器将处理完之后的结果返回给 Web 服务器，Web 服务器负责将结果转化为 HTML 文档形式发送给客户端浏览器，最终以 Web 页面的形式在客户端浏览器上显示出来。

B/S 模式的特点主要包括以下几个方面：

维护和升级方式简单。B/S 架构的软件只需要管理服务器，系统管理人员不需要在几百甚至上千部电脑之间跑，所有的操作只需要针对服务器进行，所有的客户端只是浏览器，根本不需要做任何的维护。如果是异地，只需要把服务器连接专网即可，实现远程维护、升级和共享。因此，软件升级和维护会越来越容易，而使用起来会越来越简单。这对用户人力、物力、时间、费用的节省是显而易见的、惊人的。

成本降低，选择更多。凡使用 B/S 架构的应用管理软件，安装在 Linux 服务器上即可，而且安全性高。所以服务器操作系统的选择是很多的，不管选用哪种操作系统都可以让大部分人使用 Windows 作为桌面操作系统，而电脑不受影响，这就使免费的 Linux 操作系统快速发展起来，Linux 除了操作系统是免费的，连数据库也是免费的，这种选择非常盛行。

B/S 模式具有很强的开放性，易于结构的扩展，可提供集成地解决企业内部各种业务的服务，提高企业信息化系统的集成度。

由上述分析可得到：B/S 的优越性主要体现在对信息的发布和数据的共享方面，减少管理人员维护和升级的工作量，所以 B/S 模式比较适用于系统与用户之间信息交互量比较少的应用场合，对于需要频繁地进行大量数据信息交互以及要求快速地进行数据处理的场合，采用 C/S 模式可以说是一种较好的选择。课外学分系统，既要考虑先进性，也要考虑成熟性，一种比较好的方案是将 C/S 与 B/S 模式交叉并用，这样可以充分发挥两种模式的优点，回避各自的不足。在这种交叉并用的体系结构模式中，其实质是将 C/S 模式的数据库统计、分析、控制的强项功能与 Web 技术的信息查询、信息发布强项功能进行有机结合，为课外学分系统的结构模式选择提供最佳解决方案。

（2）.NET 框架和 ADO.NET

① .NET 框架

.NET Framework 是 Microsoft 为开发应用程序创建的一个富有革命性的新平台。.NET Framework 可以创建 Windows 应用程序、Web 应用程序、Web 服务和其他各种类型的应用程序。

.NET 框架提供了 CLR(Common Language Runtime，公共语言运行库) 和 .NET Framework 类库两个主要的组件。其中，公共语言运行库是 .NET 框架的基础，它提供了内存管理、线程管理和进程处理等核心服务功能，并且实施严格的类型安全控制及代码准确性控制等功能。.NET Framework 类库是一个面向对象的可重用类的组合，利用 .NET Framework 提供的类库可方便地进行多种应用程序的开发，如进行传统的命令行或图形用户界面应用程序的开发，以及基于 ASP.NET 的应用程序开发，等等。

从层次结构来看，.NET 框架主要组成包括三个部分：公共语言运行库（CLR：Common Language Runtime）、服务框架（Services Framework）和上层的两类应用模板［传统的 Windows：应用程序模板（Win Forms）和基于 ASP.NET 的面向 Web 的网络应用程序模板（Web Forms 和 Web Services）］。

② ADO.NET

ADO(Active Data Objects) 是 Microsoft 开发的面向对象的数据访问库。ADO.NET 是 ADO 的后续技术，提供对 SQL SERVER 等数据源的一致访问。数据使用者可以通过

ADO.NET 来连接到这些数据源（SQL Server\Access\OLE DB 等），并检索、操作和更新数据。ADO.NET 允许与不同类型的数据源以及数据库进行交互，不仅能够对一般的数据库进行访问，同时也能够对文本文件、Excel 表格或者 XML 文件进行访问。

ADO.NET 系统由两个重要部分组成，即 .NET Data Provider 和 ADO.NET 系统架构。ADO.NET 具有三个专用对象，即 Data Adapter、Data Reader 和 Data Set，用于执行相应的特定任务。

.NET 框架提供统一的编程模式：不论什么语言和编程模式都是用一样的 API。

其中的数据提供程序 .NET Data Provider，包含了以下四个主要对象：

Connection 对象：此对象用于创建一个到达某个数据源的开放连接。通过此连接，你可以对一个数据库进行访问和操作。

Command 对象：此对象用于执行面向数据库的一次简单查询。此查询可执行诸如创建、添加、取回、删除或更新记录等动作。

Data Reader 对象：此对象用于从数据库中检索只读、只进的数据流。查询结果在查询执行时返回，并存储在客户端的网络缓冲区中，直到使用 Data Reader 的 Read 方法对它们发出请求。

Data Adapter 对象：此对象可以隐藏和 Connection 对象、Command 对象沟通的细节，通过 Data Adapter 对象建立、初始化 Data Table，从而和 Data Set 对象结合起来，在内存存放数据表副本实现离线式数据库操作。

（3）C# 简介。

C# 是微软公司发布的一种面向对象的、运行于 .NET Framework 之上的高级程序设计语言。C# 包括单一继承、接口、与 Java 几乎同样的语法和编译成中间代码再运行的过程。同时，C# 与 COM（组件对象模型）一样是直接集成的，C# 综合了 VB 简单的可视化操作和 C++ 的运行高效率以及其强大的操作能力、便捷的面向组件编程，从而支持其成为 .NET 框架的主角。

C# 语言的特点：

①完全支持类和面向对象编程，包括接口和继承、虚函数和运算符重载的处理。

②对自动生成 XML 文档说明的内置支持，自动清理动态分配的内存。

③对 .NET 类库的完全访问，并易于访问 Windows API。

④改变编译器选项，可以把程序编译为可执行文件或 .NET 组件库。该组件库可以用与 ActiveX 控件相同的方式由其他代码调用。

⑤C# 可以用于编写 ASP.NET 动态 Web 页面和 XML Web 服务。

C# 就是一种多语言优点的混合体，既体现了 Java 语言的简洁性和 VB 语言的简单性，同时也体现了 C 语言的强大功能和灵活性。所以说 C# 语言是一种集成各语言优势的网络化时代的有效开发工具。

（4）SQL Server 简介。

SQL（Structured Query Language），即结构化查询语言，Microsoft SQL Server 是一种典型的关系型数据库管理系统。目前，常用的关系数据库管理系统有 Access、SQL Server、Visual FoxPro、DB2、Oracle 等。

SQL Server 是运行在网络环境下的数据库服务器。数据库是数据管理的实用技术，它的出现极大地促进了计算机应用向各行各业的渗透。SQL Server 是单进程、多线程、高性能的关系型数据库管理系统（RDBMS）。它可以用来对存储在计算机中的数据进行组织、管理和检索。它使用 Transact-SQL 语言在服务器和客户机之间传送请求。SQL Server 是一个性能更全面的数据库平台，SQL Server 数据库引擎是企业数据管理的核心，它为关系型数据和结构化数据提供了比前面的版本更安全、更可靠的存储功能，这一点对于用于构建和管理高性能的数据库应用程序是十分重要的。

（5）MVC 设计模式。

MVC 模式是"Model-View-Controller"的缩写，中文翻译为"模式—视图—控制器"。MVC 设计模式是一个存在于服务器表达层的模型，它将应用分开，改变应用之间的高度融合。应用程序由这三个部分组成，Event（事件）导致 Controller 改变 Model 或 View，或者同时改变两者，只要 Controller 改变了 Model 的数据或者属性，所有依赖的 View 也会自动更新。类似的，只要 Controller 改变了 View，View 也会从潜在的 Model 中获取数据来刷新自己。MVC 要求对应用分层，虽然花费了额外的工作，但产品的结构清晰，产品的应用通过模型可以得到更好的体现。

首先，最重要的是应该有多个视图对应一个模型的能力。在目前用户需求的快速变化下，可能有多种方式访问应用的要求。其次，由于模型返回的数据不带任何显示格式，因此这些模型也可直接应用于接口的使用。再次，由于一个应用被分离为三层，因此有时改变其中的一层就能满足应用的改变。最后，它还有利于软件工程化管理，由于不同的层各司其职，每一层不同的应用具有某些相同的特征，因此有利于通过工程化、工具化产生管理程序代码。

（6）RFID 技术。

① RFID 技术简介。

RFID（Radio Frequency Identification，射频识别）是一种非接触式射频识别技术，它是自动识别技术的一种。

应答器：应答器由天线、耦合元件及芯片组成，一般来说，现在都用标签作为应答器，每个标签具有唯一的电子编码，附着在物体上标示目标对象。

阅读器：阅读器由天线、耦合元件、芯片组成，是读写标签信息的设备，可设计为手持式 RFID 读写器或固定式读写器。

应用软件系统：应用软件系统是应用层软件，主要是把收集的数据进行进一步处理，并为人们所使用。

RFID 的特点：射频识别系统最重要的优点是非接触识别，它能穿透雪、雾、冰、涂料、尘垢等恶劣环境；阅读速度极快，大多数情况下不到 100 毫秒。

② RFID 技术的工作原理。

当持卡人持储存信息后的卡进入识读器感应范围后，识读器向卡片发送检验电磁波，请求读取卡片信息，RFID 芯片解调检验电磁波收到请求读取卡片信息的指令后，将卡片信息附加在 RFID 芯片反射的检验电磁波里，读写器收到反射回来的电磁波后通过解调识读卡片信息，并将其和 RFID 系统主体数据库的信息进行对比核实。若核实通过，则读写器向卡片发送检验电磁波请求读写个人信息；若核实未通过，则 RFID 系统主机记录诚信记录并控制警报装置发出警报。

（二）系统需求分析

1. 系统设计目标

随着信息化校园、数字化校园的发展，信息系统向着规模化、智能化、网络化的方向发展，高校学生急剧增加，有关学生的各种信息量也在成倍地增长。在这种情况下，单靠人工来处理学生信息，工作量将很大，用计算机可以将人们从繁重的工作中解脱出来，仅使用一些简单的操作便可及时、准确地获取需要的信息。系统设计的目标就是采用基于项目的软件工程面向对象研究方法，系统实现学生、会议、教室的管理，签到的统计、汇总、报表打印等功能，使课外学分管理工作系统化、规范化、自动化，从而达到提高管理效率的目的。大学生课外学分认证统计信息系统采用 B/S 和 C/S 混合架构，采用自顶向下的开发模式，开发过程主要包括前台应用程序的开发和后台数据库的建立及维护两个方面。系统所要实现的基本目标主要有以下几个方面：

（1）教室、会议、终端、项目、统计信息的管理（添加、删除、修改等）。

（2）教室、会议、终端、项目、签到记录等信息的检索、统计、报表打印等。

（3）实现指定教室、指定会议、指定人员参加讲座。

（4）通过刷校园卡实现身份识别、签到，刷卡后显示签到者姓名、照片、学号等信息。

（5）数据通信安全，信息安全，统计准确。

（6）安装简单，操作方便，系统运行效率高。

（7）具有较强的可维护性和扩充性，能够适应用户的业务需求变化。

出于上述考虑，本系统确定的设计采用自上而下扩展、快速原型法开发方法。自上而下先从整体上协调和规划，由全面到局部、由长远到近期，从探索合理的信息流出发来设计信息系统。快速原型法先构造一个功能简单的原型，然后对原型逐步修改，不断扩充完善到最终的系统。此外，为了提高模块的高聚合性、易扩展性，降低模块间的耦合程度，数据库的设计原则是把它作为中间模块，从而既实现数据共享，提高模块的独立性，又使系统具有更高的可修改性。

2. 系统功能分析

课外学分系统是在指定教室、指定人员来参加讲座，通过读写器刷校园卡签到的方式实现身份识别、签到，上传签到流水后，通过后台自动统计签到人员听课次数、听课权重，从而管理成绩、分配学分、打印报表等。

服务器端：服务器端主要是设置管理人员信息、教室信息、终端信息、会议信息的管理（如添加、修改、删除、查询等）、系统参数信息，同时统计、查看签到情况，分配学分，打印报表，分析数据，等等。

客户端：客户端主要是在教室初始化程序、初始化读写器、下载会议、显示会议信息，刷卡，身份识别后显示签到人姓名、学号、照片等信息，上传流水供服务器查询、统计。

3. 系统需求分析

（1）性能需求。

①数据精确度。数据要求必须精确、可靠、真实。进行操作请求时（如查找、删除、修改、添加），应保证输入数据与数据库数据有高度匹配性。而在满足用户请求时，系统应保证所响应数据的查全率。

②响应特性。为满足用户的高效要求，数据的响应时间、更新处理时间、数据转换与传输时间、运行时间都应在 1~2 秒之内。如果需要与外设交互（如打印机），响应时间可能较长，但应在可接受范围之内。

③较高的可扩展性与维护性。系统采用模块化设计，"积木式"开发，有利于后期系统的维护升级与扩展。

④支持数据库备份与灾难性恢复。数据库有一定的抗灾与容灾能力，具有较高的可靠性与容错能力；同时，采用备份服务器和硬盘镜像技术，数据恢复简单、方便。

⑤自动化、信息化、网络化程度高。系统能自动统计信息、打印报表；同时，支持在线传输数据，适合在校园内使用。

（2）运行环境。

①服务器。

操作系统：Windows 7/8/10。

数据库：Microsoft SQL Server 2014。

②客户端。

操作系统：Windows 7/8/10。

软件：Microsoft.net framework 4.0 以上版本，Windows 7/8/10，SQL Server 2014，IE

10.0以上版本。

4. 系统可行性分析

（1）技术可行性。

首先，对于大多数高校而言，经过几年的建设，校园网已经相当完善，目前已覆盖了全校，为网上数据交换提供了现成的信息高速通道，为信息管理的实现打下了坚实的网络基础。同时，校园卡的应用日益广泛，深入到学校生活的各个角落，兼备银行卡、身份卡、消费卡等多种功能，一卡在手，走遍校园，成了学生在校的必备之物。

其次，系统设计与开发将基于主流的 Windows 开发平台，采用 MVC 开发模式，模块化的 DLL（Dynamic Link Library，动态链接库）封装技术，B/S 和 C/S 混合构架，并采用 Visual Studio 作为开发平台，Visual Studio 完全面向对象，有着较高的扩展性和跨平台性。后台数据库采用 SQL Server，它和 C# 语言之间有着统一的底层接口，并且 SQL Server 数据库的吞吐量很大，完全胜任海量数据的存储与访问，性能稳定可靠，完全能满足系统的要求。

（2）经济可行性。

课外学分系统的开发得到了学校与有关部门的资金支持，开发所需要的硬件和软件设施能很快得到配置，从而保证了开发工作可以顺利进行。另外，系统的应用可减少人力、物力的投入，提高工作效率，提高学校教务信息化水平，具有较为深远的意义。

（3）社会可行性。

使用可行性：系统界面友好，操作简单，易于掌握。

运行可行性：系统支持并发网络访问，系统运行对服务器要求不高，PC 机装上运行环境即可作为服务器使用。

法律可行性：系统为学校部门内部使用，无商业运营现象，又是自主开发设计，因此不会侵权。

（4）系统分析总结。

系统的可行性研究是对深入分析系统目标、系统需求和实施条件，分别从技术、经济、社会三个方面进行的可行性调查研究和比较分析，并对项目建成以后可能取得的经济效益、社会效益及工作环境影响进行预测，从而提出此项目是否值得实施和如何进行开发的意见。

综上所述，系统在网络设施、资金设备、开发力量等方面具有较好的工作基础，系统分析和需要完全符合国家相关政策与标准，同时取得了良好的社会效益。经调研，该项目功能设计科学合理，符合实际需求，具有一定的前瞻性、可操作性，方案切实可行，内容翔实，组织管理和运行维护有足够的保障，已经具备进行正式设计与开发的条件。

（三）系统设计

1. 数据库设计

数据库是信息系统的核心，信息系统离不开数据库，信息管理实质就是对数据的管理，将数据库管理系统应用于信息管理，有助于信息管理的规范性、系统性、科学性，能极大地提高信息管理的效率，更好地发挥信息管理的作用。系统数据库采用 SQL Server，具有如下优点：

（1）数据压缩和备份压缩。内嵌在数据库中的数据压缩和备份压缩可以更有效地存储数据，同时还提高了性能，加快了备份速度，节省了操作时间。

（2）星型连接查询优化器。SQL Server 查询性能采用星型连接查询优化器，通过辨别数据库连接模式降低了查询响应时间。

（3）最大限度地减少管理监视。监视框架管理是基于策略的新型管理框架，它通过对数据库操作定义一系列策略来简化日常维护操作，降低成本。

（4）集成捕获变更数据。方便地捕获到变更后的数据，并放在变更表中，提供改进的查询功能，允许管理和修改数据。

2. 接口设计

设计开发课外学分系统与校园卡管理系统接口集成，引用共享数据中心模式，原各业务数据库表保持不变，通过触发器或者开发数据接口读取需要共享的数据，并且进行转换，汇总生成新的共享数据库。Web Service 是一种通过 Web 部署提供对业务功能访问的技术。它成为企业相互交流信息资源的一个接口。Web Service 可以突破服务器、网络宽带的限制，以较快的速度提供跨平台的数据服务。它最基本的目的就是提供在各个不同平台、不同应用系统的协同工作能力，提供供应商以及客户之间应该能够实现无缝的交互。本系统通过 Web Service 调用、存取数据库信息。

3. 系统设计与开发

（1）系统设计原则。

为确保系统的建设成功与可持续发展，在系统的建设与技术方案设计时我们遵循如下原则：

①实用性和可靠性原则。

信息系统的实用性是开发信息系统遵循的首要原则，以够用为度，并注重理论与实际相结合。

可靠性是指系统在特定的时间内、特定的环境中和条件下，无失效执行其预定功能的概率。可靠性包括硬件可靠性和软件可靠性。硬件是一种物质产品，失效的主要原因是硬件故障，可靠性主要体现在硬件设备性能的稳定；而软件是一种逻辑产品，失效的根本原因是设计错误，软件可靠性主要体现在应用软件操作系统的稳定性和软件功能可靠、无故障及具有可操作性等。

②易扩展性和易维护性原则。

易扩展性原则：要在系统建设中充分考虑未来的发展，不仅要留足充分的冗余，还要在以后能够进行"积木式"的扩展。易维护性原则：系统在运行中的维护应尽量简单易行，维护过程中无须使用过多的专用工具，在系统故障率最低的同时，即使有突发事件，也能保证数据的快速恢复。

③先进性和安全性原则。

设计上重点突出"技术为业务服务"的主题，要把业务和技术进行综合考虑，在吸纳先进设计理念和丰富经验的基础上，形成具有实际特点的设计方案。系统硬件的安全采用备份服务器和硬盘镜像技术等，而系统的软件安全表现在登录系统时，通过身份验证来辨别用户，并对各级用户分配不同的权限。同时，及时修复系统漏洞，安装杀毒软件。

④易管理和复用性原则。

该系统的开发过程中，采用面向对象的方法和模块化的思想，将整个系统分解为模块加以实现，这就使得系统易于管理、易于修改，其各功能模块可重复使用等。

（2）系统开发方法。

系统开发常用的方法有生命周期法和快速原型法，在本系统中，我们采用快速原型法。快速原型法（Rapid Prototyping）是针对结构化生命周期法的问题提出的一种新的系统开发方法。它首先构造一个能反映用户要求、功能简单的原型，然后对原型逐步修改完善，精益求精，最终建立完全符合用户要求的新系统。原型就是模型，而原型系统就是应用系统的模型。

快速原型法的主要优点如下：

①它提供了一种验证用户需求的环境，允许在系统开发生命周期的早期进行人机交互测试。

②它提高了最终系统的安全性，能减少系统开发的风险。

③既可以用实例建立新系统，也适用于对旧系统的修改。

④该方法加强了开发过程中用户的参与程度，加深了用户对系统的理解。

⑤它可以提供良好的系统说明和示例示范，能够简化开发过程的项目管理和文档编制。

快速原型法优化了生命周期法的不足之处，具有缩短开发周期、降低维护费用、适用性和可靠性强、调试容易等优点。基于快速原型法，可以利用较短的时间首先开发一个平台原型，然后根据待实现的系统功能对原型进行讨论分析和修改，开发一个系统，然后提供给用户试用一段时间，根据用户的反馈意见对系统加以维护和完善，确定系统的框架，最终在这个框架的基础上逐步细化并详细编制各个功能模块。

（四）系统详细设计

1. 服务器端

服务器端在信息系统中占着关键性的地位，决定着系统的主要功能。首先，输入正确的用户名和密码，登录服务器。

（1）用户管理。

用户管理可以实现对用户的查询、添加、修改、删除等操作的管理。拥有相应权限的用户才能执行相应的操作。

用户查询：可以按用户名和姓名查询。

用户增加：单击新增按钮，输入用户名、姓名、权限即可增加用户。

用户编辑：单击编辑按钮，修改用户名、密码信息。

用户删除：单击删除按钮，直接删除用户信息。

（2）教室管理。

教室管理可以实现对教室的查询、添加、修改、删除等操作。

查询入口：教室编号、教室名称、教室地点。

查询结果：教室 ID、教室编号、教室名称、教室地点、说明（以表格显示）。

教室添加：表格第一行教室 ID 为 0 的点击编辑可添加教室，教室编号（必须为教室表存在的教室编号）、教室名称、教室地点、地点说明都必须填写。

教室编辑：除表格第一行 ID 为 0 的项外，点击其他编辑均做更新操作，修改项为教室名称、教室地点、地点说明。

（3）终端管理。

终端管理可以实现对终端的查询、添加、修改等操作。

查询入口：终端 ID、教室编号、终端 IP、教室名称。

查询结果：终端 ID、教室编号、教室名称、终端 IP、终端说明。

终端添加：表格第一行终端 ID 为 0 的点击编辑可添加终端，教室编号（必须为教室表存在的教室编号）、终端 IP（IP 不可重复添加）、终端说明都必须填写。

终端修改：除表格第一行 ID 为 0 的项外，点击其他编辑均做更新操作，修改项为教室编号（必须为教室表存在的教室编号）、终端 IP（IP 不可重复添加）、终端说明。

（4）讲座管理。

专家讲座可以实现对讲座的查询、添加、修改、删除等操作。

查询入口：讲座编号、讲座名称、主讲人、教室编号、教室名称、开始时间。

查询结果：讲座编号、讲座名称、主讲人、教室编号、教室名称、开始时间、结束时间、权重、主题图片、讲座说明（以表格显示）。

讲座添加：点击添加讲座，进入添加讲座页面，输入讲座名称（讲座名称不可重复）、主讲人、教室编号（必须为教室表存在的教室编号）、讲座时间、权重、讲座说明（限200个字符）、选择讲座日期、主题图片（图片格式必须为bmp、png、gif、jpg、jpeg），点击更新即可添加该讲座。

讲座修改：点击表格内编辑，进入编辑讲座页面，编辑讲座名称（讲座名称不可重复）、主讲人、教室编号（必须为教室表存在的教室编号）、讲座时间、权重、讲座说明（限200个字符）、讲座日期、主题图片（图片格式必须为bmp、png、gif、jpg、jpeg），点击更新即可更新该讲座。

（5）签到管理。

签到记录可以实现对签到数据的查询操作。

查询入口：工学号、物理卡号、校园卡号、姓名、签到时间、终端ID、教室编号、讲座名称。

查询结果：签到流水号、物理卡号、工学号、校园卡号、姓名、单位、签到时间、退出时间、终端ID、教室编号、教室名称、讲座编号、讲座名称、是否有效（表格显示）。

（6）项目管理。

项目统计可以实现对项目的查询、添加、修改、删除等操作。

查询入口：项目编号、项目名称、建立时间。

查询结果：项目编号、项目名称、建立时间、说明（表格显示）。

项目添加：对表格第一行项目编号为0的项进行点击编辑可添加项目，项目名称、项目说明必须填写，项目建立时间默认为当前时间。

项目修改：除表格第一行ID为0的项外，点击其他编辑均做更新操作，编辑录入项目名称（项目名称不可重复）、项目说明，点击更新即可更新该项目。

（7）项目讲座管理。

项目讲座管理可以实现对项目讲座关系的查询、添加、修改、删除等操作。

查询入口：项目编号、讲座编号、讲座名称、项目名称、教室编号。

查询结果：关系流水号、项目编号、项目名称、讲座编号、讲座名称。

项目添加：对表格第一行项目编号为0的项进行点击编辑可添加项目讲座关系，项目编号、讲座编号必须录入。

项目修改:除表格第一行ID为0的项外,编辑录入项目编号、讲座编号(同一个讲座内,讲座编号不可重复)，即可更新该项目讲座关系。

2.客户端

客户端通过与校园卡对接，引用RFID技术，实现通过读写器下载会议、读取信息、识别身份、显示会议、用户信息等。同时，读卡签到、上传流水供后台服务器统计数据。

（1）初始化读写器。

运行系统后，先检测读写器的状态，是否有读写器、连接是否正常、是否已驱动。如果初始化成功，读写器绿灯亮，则读写器工作正常，否则，读写器有故障，有可能是连接问题，也有可能是驱动问题。

（2）初始化会议。

读写器初始化成功后，开始初始化会议，界面会显示当前时间、教室编号、终端编号、教室名称等信息。此时，各个参数一一对应，可以判断四个参数设置是否正确，会议设置是否正确。

（3）下载会议。

初始化会议成功后，如果会议对话框没有当前会议，说明当前会议没有下载，点击下载信息按钮，系统加载会议，会议名称将出现在会议对话框，双击会议名称后即进入身份识别、签到。此时系统显示当前会议名称，左边是会议主题图片，右边是签到者的照片、姓名、学工号，还有签到时间、签到人数、上传流水等信息。此时，可以通过读写器进行刷卡签到。

（4）识别签到。

系统集成与校园卡对接，采用RFID技术，利用RFID射频读写器读取校园卡信息，刷卡信息读取成功后，读写器会发出"嘀"的一声，同时，读写器上显示刷卡人的姓名，系统上也会显示刷卡人的个人信息。

刷卡时，读写器先读取卡片的物理卡号，然后在数据库中对应学号进行本地数据查询。如果本地存在该学生的信息，则直接从本地读取该学生的信息，显示学生头像、姓名、学工号等。如果本地不存在该信息，则通过调用Web Service查询服务器端，若该学生存在，则从服务器下载该用户信息，将记录添加至客户端，并且增加当前会议人数，否则界面显示该卡无效或该用户不存在。

（五）系统测试与实施

1. 系统测试

（1）测试目的。

系统测试就是为了系统地找出软件中潜在的各种错误和缺陷，能够证明软件的功能和性能与需求说明相符合，获取系统在可接受风险范围内可用的信息。同时，尝试在非正常情况和条件下的功能和特性，在过程中尽早检测错误，提供预防或减少可能制造错误的信息，并且提前确认解决这些问题的途径。

（2）测试方案。

在系统中，测试主要采用基于功能和性能的黑盒测试方法，同时，在软件开发的每个阶段分别进行单元测试、集成测试、系统测试和验收测试，保证系统在投入运行前，尽可能多地发现 BUG，并及时处理，避免系统在实际运行中出现问题。

（3）测试用例。

测试用例是测试内容的一系列情景和每个情景中必须输入和输出的数据，而对软件的正确性进行判断的测试文档。

测试用例的要素：测试用例编号 ID、测试用例标题、测试的模块、测试输入条件、期望的输出结果、其他说明等。

2. 系统实施效果

系统安装方便，操作简单。首先，在本地计算机先安装 NETFramework 2.0 以上的框架后，解压程序，在配置文件（exe.config）中配置终端号、教室 IP、教室编号、读写器 COM 端口号四个参数。为了保证系统安全性，实现指定教室、指定会议签到，采用四个参数一一对应。同时，电脑必须联网，才能下载会议，实现身份识别、签到，否则，系统提示会议下载不成功。通过近半年的调研和开发，课外学分系统终于开发完成，并在一些学校的教室投入使用，系统运行正常并取得了良好的效果。此外，系统不仅用于课外学分统计，它作为一种签到终端，还可应用于毕业生招聘会、学校干部培训会等多种会议签到。

系统实现了课外学分统计管理、身份识别、签到等功能的统一管理，为教务管理人员提供了一个便捷的工具，为教师和学生提供了一个公开透明的数据环境，在投入试运行的初期，发现了部分程序上和数据上的错误，然后一一解决。在不断地改进和纠正之后，系统运行稳定、统计准确，大大节省了工作人员的工作强度，特别是在签到、统计、打印报表方面起了重要作用，显著提高了工作效率，节省了财力、物力，有力地促进了信息化、网络化办公校园的建设。

第二节　机房智能化信息管理及应用

高校现代教育技术中心集教学、科研和服务于一体，负责计算机基础教学，校园信息化、数字化建设，计算机教育规划、建设、运行协调和管理，教育技术开发、推广、普及、应用等工作的教学单位。而作为下设网络中心的机房为整个校园网的核心和枢纽，它的运行状态如何将直接关系到整个学校的教学、科研和管理工作能否顺利进行，因而加强网络中心机房的科学管理就显得尤为重要。因此，制订一套有效的关于机房智能化管理的系统方案就显得十分必要，该方案能对机房的配电、UPS、空调等环境设备及门禁、消防、保安、水循环系统和设施进行即时、完善的监测和智能化控制。同时，系统也应融合机房的管理措施，这样，机房所发生的各种事件，系统都能在给出指示信息的同时，结合机房的具体情况做出处理决策，提示值班人员进行操作或自动操作处理。对所有的事件及操作，系统都有科学的记录。

一、机房管理总体要求

高校的网络中心机房是大学各种数字化信息数据存储、交换的心脏，其服务器、网络核心设备的安全运行直接关系到学校对内、对外的信息发布及学校教学、科研和管理工作的正常运作。所以对机房的管理要保证校园网络中心机房的环境必须满足计算机等各种微机电子设备和工作人员对温度、湿度、洁净度、电磁干扰、噪音干扰、安全、后备、防漏、电源质量、振动、防雷和接地等的要求，保证网络中心机房是一个安全、可靠、实用、高效、不间断和具有可扩充性的机房。

（一）系统构成

高校网络中心机房设备系统大体可分为供配电系统、环境系统、消防系统、保安系统四大部分。供配电系统可分为一级配电、二级配电和UPS等部分，环境系统可分为空调系统、新风系统和温湿度检测等部分，消防系统可分为早期预警系统、烟感检测系统和其他消防设施，保安系统又可分为门禁系统、电视监控通道报警系统等部分。智能化管理系统能实现自动监控并即时显示各系统的相关参数和画面，做到实时监控，实时追踪显示：故障自动报警，自动弹出故障所在画面，逐级画面监视；电话语音报警；历史数据存储、查询、打印等。

（二）管理的对象及主要功能

1. 供配电系统

该系统可以通过数字式电源检测（Power Monitor）模块实时监测UPS输入一级配电的三相电源参数（电压、电流、频率、功率因数、有功和无功功率等），系统管理员和操作员能清楚地了解电压、电流是否均衡。如果电压、电流越限，系统将自动播放多媒体语音报警。同时，系统将自动拨打预先设置的电话号码，通知有关人员处理。在历史曲线图中还可以按天查询各参数的历史记录，如电压、电流、有功和无功功率的最大值、最小值、平均值等。

该系统可以对发电机的电压、电流、频率、功率、水温、油压、转速等参数进行监测，并对停机数据、参数越限、设备故障等做出声、光、语音报警及语音、画面提示。

通过UPS厂家提供的通信协议，利用智能通信接口进行UPS故障诊断。对UPS内部整流器、逆变器、电池、负载等部件的运行状态进行实时监测，发现故障，自动报警。实时监测UPS的整流器、逆变器、电池、负载等有关参数，如电压、电流、频率、有功功率及负载输出峰值等参数，并有直观的图形界面显示。可以根据历史曲线图，判断UPS的质量及可靠性。UPS发生故障，系统会自动切换到相应的画面，并播放报警语音。系统处理提示窗将提示操作人员如何处理故障并拨打预置的电话号码。如设置了冗余电源，系统可自动进行电源在线切换，同时将所发生的事件存储入库，以便查询。

2. 环境系统

该系统可通过空调智能控制器，实现空调监管功能，显示压缩机、过滤器、风机、加热器、外部设备的状态，有故障时处理窗口会提示如何处理。也可由系统直接设定空调温度、湿度，并控制启停，还可实现定时和远程控制等多种功能。

机房新排风系统主要有两个作用：一是给机房提供足够的新鲜空气，为工作人员创造良好的工作环境；二是维持机房对外的正压差，避免灰尘进入，保证机房有更好的洁净度。通过新风系统智能控制器，实现新风系统监管功能，显示风力，有故障时处理窗口将提示如何处理。也可由系统直接设定新风系统风力，并控制启停，还可实现定时和远程控制等多种功能。

采用漏水检测系统，用漏水检测线将水源包围起来，通过漏水智能控制器可实时对空调机排水区域、中心机房区地板下面及其他排布水管的区域进行监测，发现漏水，将实时报警，提示管理人员及时处理。

3. 消防系统

机房采用FM200七氟丙烷自动灭火系统的无管网气体消防系统。机房内设四个防火区，即供配电区、服务器区、网络区、工作区。每个防火区都由智能感烟探测火情设备、感温探测器、防火与灭火设备、气体喷洒指示灯、现场紧急启动/停止按钮、声光讯响器、切换模块和气体灭火钢瓶及控制主机组成。通过消防系统智能控制器检测防火区的温度和烟的浓度。当探测器发出火灾信号时，经甄别后由报警和灭火控制装置发出声光报警，下达联动指令，关闭联锁设备，发出灭火指令，延迟30秒电磁阀动作，启动容器和分区选择阀，释放启动气体，开启各储气瓶容器阀，从而释放灭火剂，进行灭火。机房内的消防系统与整个大楼的消防系统形成联动，可以及早监测到火灾的发生情况，及时报警。

4. 保安系统

门禁系统，即进出权限管理系统，包含门区权限管理、进出时段和进出方式管理。若卡号不符或属黑名单，将闭门并报警，监控管理者通过微机可实时查看每个门的人员进出情况和每个门区的状态。出入记录查询系统可存储所有进出记录、状态记录，可按不同条件查询，以各类报表形式打印输出，异常报警系统在异常情况下可实现微机报警。

电视监控通道报警系统对电梯口、走廊、操作室、阳台、备件仓库、电源室进行图像监视和报警，作为安防功能可与公安110报警系统联网。电话语音通知，将所发生的事件很快地告知机房维修人员，以便及时进行故障处理。

5. 服务器

服务器的管理分为两部分，一是服务器硬件参数的检测，二是服务器软件方面的检测。

硬件参数方面,我们对每台服务器的 CPU 利用率、可用内存、磁盘空间等数据进行监管,当智能化管理系统采集到的数据超出正常数据范围时,系统会根据报警级别,自动将报警信息发给相应人员,要求相关人员对服务器进行处理。软件方面,我们针对不同服务器所提供的服务进行监管,其中主要对软件的可用性、会话情况进行监管,以保证服务器的正常运行。

二、机房管理现状

目前,在地方高校机房的管理中,普遍存在三个方面的问题。

(一)故障排除不及时

很难真正做到采用 24 小时专人值班,定时巡查机房环境设备的办法,在很多情况下不能及时发现和排除故障,不能记录事故发生的时间等基本信息,因而不能为查找事故原因及采取适当的防范措施提供比较系统和科学的依据。

(二)人员安全被忽视

由于机房管理人员在管理每一台服务器和设备的时候,都不得不进入机房内进行操作,但机房由于服务器、空调、风扇和 UPS 等设备的运转使得其内部噪音很大,再加上机房内的封闭性导致空气流通也不好,使得管理人员在机房里待上一段时间就明显感觉到身体不适。这些噪音、辐射和温度对管理人员身体健康的影响不容忽视。

(三)维护成本的耗费

机房设备繁杂,有着不同的服务器和不同的网络设备,各种设备又都有着不同的操作方法、操作界面,管理人员不得不穿梭于各种服务器、机柜所组成的丛林中寻找机器故障。这种单点式的维护耗费了大量的人力成本,效率十分低下。

三、机房智能化管理系统的应用

机房智能化管理系统可以帮助高校相关管理人员及时了解机房内各种设备的运行状况,以发现各种异常情况。以盐城工学院网络中心机房为例,中心机房位于大楼三层,分为配电区、网络区、服务器区、空调区、监控区和办公区六个区域。根据现有的设备情况,我们将智能化管理系统从功能上分为六个部分:机房环境管理部分、配电管理部分、消防管理部分、保安管理部分、服务器管理部分和网络管理部分。

(一)环境管理系统的实现

机房环境是确保整个中心机房正常运行的基础。在环境管理中,我们对机房的供配电、温湿度、精密空调等设备进行详细监控,而且机房内的消防系统与整个大楼的消防系统形成联动，可以及早监测到火灾的发生情况并及时报警。我们在管理软件的底层，也就是数据采集层，部署了针对不同环境检测参数的数据模块，从设备的通信卡上采集设备的实时参数和报警信息，采集的数据经过采集模块传递给管理主机。

（二）服务器管理系统的实现

服务器是整个中心机房的核心部分，各业务系统的正常运转均依赖于服务器的稳定运转。对服务器运行情况的管理成为整个中心机房管理的重点。服务器的管理分为两部分：一是服务器硬件参数的监测；二是服务器所提供服务的可用性监测，即软件方面的监测。我们将服务器的监测分为三级，分别是一般报警、严重报警和故障。一般报警表示服务器发生了部分故障，但还没有影响正常运行；严重报警表示发生了影响服务器正常运转的故障，但服务器还在正常运行，如果不对这一故障进行处理，持续一段时间后可能会导致服务器不可用，这两级报警都表示服务器仍然可用。故障表示服务器已经不能正常运行了，需要马上处理。

在硬件参数检测方面，我们使用软件对服务器进行监测。每台服务器的 CPU 利用率、可用内存、磁盘空间等数据都在监测之列，当管理系统采集到的数据超出正常数据范围时，系统会根据报警级别，自动将报警信息发给相应人员，要求相关人员对服务器进行处理。

在软件监测方面，我们针对不同的服务器所提供的服务进行监测，其中监测的重点是数据库和某些特殊的软件服务。对于数据库系统，我们对数据库的服务、数据存储、数据处理、错误日志、数据库锁等参数进行监管。对其他的软件服务，我们主要对软件的可用性、会话情况进行监测，以保证服务器的正常运行。

（三）网络管理系统的实现

网络系统作为数据中心机房的重要部分，网络运行的情况直接影响到整个系统的运行。我们使用 NETCOOL 软件对整个网络系统实现监管。NETCOOL 软件具有多厂商设备监管、即时处理、故障预警、跨平台支持等优点，能够有效地对全部网络设备和通信线路进行监管。

我们对网络系统的监管分为三个平台，即基础平台、监控平台和流程平台。在基础平台，我们部署了数据探针，实时读取网络设备和通信线路的数据。从基础平台上读取的数据传递给监控平台，监控平台对数据进行分析、分类、汇总，分为综合事件、网络性能和动态生成的网络拓扑。在综合事件中，可以看到按照信息事件、预警事件、故障事件发生次数而生成的柱状统计图。网络性能可以完整地显示该网络设备各端口的协议状态、带宽、流量、IP 地址等相关参数。动态生成的网络拓扑显示了当前组成整个网络系统的各设备的相互关联情况。数据在经过监控平台处理后，用户就可以从流程平台上查看相关数据。如果发生了比较严重的预警事件或者故障事件，还会将报警信息通过发送邮件、短信、自动语音呼叫等方式通知相关人员进行处理。

从目前一些地方高校网络中心机房的使用情况来看，机房智能化管理系统的使用，帮助用户解决了很多机房管理问题。通过机房智能化管理系统，可以对机房内的设备进行自动化和智能化的管理，有效节约了各种资源，提供了一个稳定可靠、投资合理、高效方便、舒适安全的机房环境。机房智能化管理系统正在为大型数据中心机房的正常运转提供可靠的和一流的技术保障手段。

第三节 校园网双层入侵检测系统的建构

随着网络的普及和发展，地方高校均组建了自己的校园网，通过校园网开展科研协作、网络远程教育、网上各种应用业务等。但随着校园网规模的不断扩大和黑客攻击手法的日益多样化，地方高校对自己的校园网网络安全的要求日益增强。校园网络面临的安全问题越来越严重，仅仅依靠传统的防火墙技术并不能保证校园网的安全。因为防火墙是一种被动防御性的网络边界安全工具，对在网络内部所发生的攻击行为无能为力。研究表明，80%的入侵来自于系统内部。而 IDS（Intrusion Detection System）则是一种基于主动策略的网络安全系统。因此，有必要对地方高校校园网下的入侵检测方法进行深入研究。

一、地方高校校园网存在的问题分析

传统入侵检测系统一般是单纯地在用户层或核心层对数据包进行监控，这样不可能监控整个多层网络体系，很多非法入侵者就容易被漏检。对于用户层的入侵检测系统，它只能在 Winsock 层之上进行，而对于网络协议栈中底层协议的数据包无法处理（如 Ping to Death）。而核心层的入侵检测系统有一个弱点，就是编程接口复杂，而且编写出来的软件自动化安装太困难，很容易造成整个网络瘫痪。

（一）校园网的安全问题

网络安全从本质上讲就是网络上信息的安全，除了网络系统和计算机系统等软硬件环境的安全之外，最主要的是数据信息和内容的安全性。校园网既是大量攻击的发源地，也是攻击者最容易攻破的目标。当前校园网常见的安全问题包括以下几个方面：

1. 计算机系统的漏洞，对信息安全、系统的使用、网络的运行构成严重的威胁。
2. 安全意识淡薄，没有对接入网络的计算机采取基本的保护措施，造成文档资源流失、泄密等。
3. 计算机病毒泛滥，影响用户的使用、信息安全和网络的运行。

4.外来的系统入侵、攻击等恶意破坏行为,有些已经被攻破的计算机,被用作黑客攻击的桥梁。其中,拒绝服务攻击目前越来越普遍,许多这样的攻击是针对重点高校的网站和服务器等。

5.内部用户的攻击行为,给校园网造成了不良的影响,影响了学校网络的正常运行。

6.校园网内部用户对网络资源的滥用,有的校园网用户利用免费的校园网资源提供商业的或者免费的视频、软件资源下载,占用了大量的网络带宽,影响了校园网的应用。

7.垃圾邮件、不良信息的传播,有的人利用校园网内无人管理的服务器作为中转,严重影响学校的网络运行等。

本节中所构建的双层入侵检测系统可以通过各种技术对校园网络系统进行实时监测,以发现来自系统外的入侵者和系统内部的滥用者,为计算机系统提供完整、可控、可信的主动保护。

(二)入侵检测系统分类比较

1.基于主机、网络和分布式的入侵检测系统

按照入侵检测的数据来源和系统结构来看,入侵检测系统可以分为基于主机的 IDS(HIDS)、基于网络的 IDS(NIDS)和分布式 IDS(DIDS),如表 6-1 所示。

表 6-1 基于主机、网络和分布式的入侵检测系统之间的比较

系统类型	HIDS	NIDS	DIDS
数据来源	主机系统日志	网络数据流	主机系统日志和网络数据包
优点	确定有无攻击、适合加密和交换环境	实时检测及响应、系统资源消耗少	适合高速网络、效率高
缺点	系统资源消耗大、实时性差	本身易受到攻击	本身组件易受攻击

2.误用检测和异常检测

按照入侵检测系统所采用的技术来看,入侵检测系统可以分为误用检测与异常检测两种,如表 6-2 所示。

表 6-2 不同入侵检测技术之间的比较

技术类型	误用检测	异常检测
原理	把现有的活动与已知的入侵特征匹配	把现有的活动与"正常"的统计数据进行比较
优点	准确性高	可检测未知攻击
缺点	无法检测未知入侵	"正常"数据难以获取

3.数据包捕获技术比较

网络数据包捕获技术是实现各种网络安全系统的基础,也是实现本系统的关键技术。在 Windows 平台上,捕获数据包可以在应用层和核心层实现,如表 6-3 所示。

表 6-3　网络数据包捕获技术之间的比较

技术类型	特点	优点	缺点
应用层	Windows2000包过滤接口	针对性强，控制粒度细	对网络协议栈底层协议的数据包无法处理
	Winsock动态链接库替换		
	Winsock SPI	针对性强，控制粒度细，而且能完成QQS控制，扩展TCP/IP协议栈，URL过滤等	同上
核心层	TDI过滤驱动程序	可捕获应用程序的所有数据及进程的详细信息	无法得到有TcpIP.sys接收并直接处理的数据包信息
	Win2k Filter-Hook Driver	实现简单	对Ipfilt-drv.sys依赖性，功能单一
	NDIS中间层驱动程序	可截获较为底层的封包、加密、网络地址转换、过滤、认证等操作	针对性差，控制粒度细，不能灵活控制具体应用层程序及控制相应的策略

二、双层入侵检测系统设计

通过比较分析可看出，传统入侵检测系统单独采用应用层或核心层技术，对数据包捕获均存在缺陷，因此可以用两种模式相结合的方法来避免各自的缺点，同时发挥各自的优点。

（一）设计思想

采用 NDIS 中间层驱动技术与 Winsock SPI 技术相结合的方案实施。采用以下基本策略：NDIS 中间层驱动程序对进出网络的封包进行检查，并根据匹配规则进行第一级检测，主要完成最基本的安全设置，如传输层及以下层协议分析，IP 地址、端口检测等，网络恶劣状况下的断网操作，以及 SPI 无法完成的操作，如检测 ICMP 数据包等。被 NDIS 中间层驱动程序放行的网络数据的检测由 SPI 实现，主要完成针对应用程序和 Web 网址的第二级检测。

（二）工作原理

本系统采用基于规则与特征的入侵检测模型，通过对接收到的原始的数据包进行分析，根据攻击的行为特征建立模型。接收到的数据包首先通过中间层驱动程序分析，如果满足某种特征的攻击行为，直接将数据包丢弃，并向用户发送警告，如果不满足，则送到应用层，由 SPI 实现再次分析，如果满足某种特征的攻击行为，将数据包丢弃，并向用户发送警告，如果不满足，交给用户。

（三）系统结构

本入侵系统分为三个模块，即核心包捕获模块、应用层包捕获模块和用户界面模块。

1. 核心层包捕获模块

它位于核心层的驱动程序，根据定义的模式匹配规则进行操作，同时将产生的日志信息发送至上层模块。本模块处于操作系统的核心，采用 DDK 开发。

2. 应用层包捕获模块

它处于应用层的动态链接库，位于 SPI，拦截所有基于 Winsock 的网络通信，根据定义的模式匹配规则进行操作，同时产生日志信息发送到上层模块。本模块采用 VC 开发。

3. 用户界面模块

它是一个普通的应用程序，提供用户接口。用户在此设置模式匹配规则，收集并保存前两个模块产生的日志信息，向用户提供日志查询功能。

网络应用程序的数据都要经过下两层的处理，IDS.EXE 负责模式匹配规则设置、日志的读取，而具体的匹配规则的实施以及安全功能的实现和日志的生成在 Appid.dll 和 KSerid.sys 中。

三、校园网双层入侵检测系统的关键技术

（一）环形缓冲区设计在环形缓冲区结构体设计中，有以下几个重要的变量。

1. 读序号和写序号

其用来确定当前缓冲区中数据包的数目。

2. 读指针和写指针

其用来确定需要拷贝到 Win32 应用程序的缓冲区，包含多少个数据包。

3. 数据包长度数组

其存储每一个数据包的长度，使 Win32 应用程序正确解析每一个数据包。

缓冲区是共享资源，通过事件等待机制来进行读写，也就是向缓冲区读包和写包不能同时进行。根据以太网的 MTU（Maximum Transmission Unit，最大传输单元）为 1514B，Windows 页面大小为 4KB，设定每个数据包的大小为 2KB，环形缓冲区设计存储 100 个包，申请的内存空间为 200KB。在具体操作环形缓冲区时，读写序号通过存储包个数 1~100 来记数，读写指针则是根据整个缓冲区大小来记数，以实现循环。在到达缓冲区边界（末尾）时，需要分段读或写，也就是当前缓冲区末尾不够读写下整个数据包的内容，需要将剩余的部分从缓冲区的头部读或写。

设置一个时间阈值（1s）和需要读取的最小的数据包个数（25 个，为设计的总包数的 1/4），对于时间阈值和数据包的个数，都可以由 Win32 应用程序设定再传递到驱动程序。设定 2 个读包策略如下：

当缓冲区中存有的数据包数目达到所设定的最小数据包个数时，采用事件通知机制

通知 Win32 应用程序将数据包全部读取上去；超过时间阈值并且缓冲区中有数据包时，Win32 应用程序自动读取数据包。

通过以上策略很好地解决了数据包的读取问题，同时采用多包读取策略，减少了上下文切换的时间，使系统具有较高的效率。

（二）数据包解析

在数据包解析的过程中，为提高驱动程序的效率，要尽早丢弃非目标数据包。对于每一个数据包，算法如下：

1. 检查是否是 IP 协数据包，不是则丢弃此包。
2. 进一步检查是否是 TCP 数据包，不是则丢弃此包。
3. 再检查端口号是否是应用程序所设置的端口号，不是则丢弃此包。
4. 根据相应的协议，跳转到文本的起始处，由 KMP 算法来循环匹配关键词，若匹配成功则立即返回（后面的关键词不用再匹配），丢弃此包，然后将此包放入缓冲区；若匹配不成功则放行此包。

四、校园网双层入侵检测系统的实验分析

该实验的目的是将单独的用户态入侵检测、单独的内核入侵检测和本文的入侵检测进行对比。数据来源于 GIAC，选取了 20 个正常数据集，20 个异常数据集，然后分别对这 3 种入侵检测系统进行测试。每种测试均进行 20 次正常访问和 20 次攻击访问。第 1 次采用用户态入侵检测，第 2 次采用内核入侵检测，第 3 次采用笔者设计的入侵系统。

测试结果：第 1、2 次测试，漏报或误报数较高；而第 3 次采用笔者设计的模型测试，漏报和误报数都较低。

实验结果初步表明，大多数入侵检测系统采用单一的检测策略可能会造成严重的漏报或误报，而采用笔者提出的双层检测策略，综合了各层的长处，这样可以降低漏报率和误报率。

五、校园网双层入侵检测系统的应用

入侵检测系统通常被认为是防火墙之后的第二道安全闸门，部署于防火墙之后，对网络活动进行实时检测，是防火墙的延续和合理补充。在校园网络中部署入侵检测系统，能够从计算机网络系统中的若干关键点收集信息，并分析这些信息，查看校园网络中是否有违反安全策略的行为和遭到袭击的迹象，有效防御各种攻击，控制网络资源滥用，利用该系统的日志，还可以部分分析出用户的上网行为，从而提供对校园网内部攻击、外部攻击和误操作的处理，实现对校园网信息的实时保护。

通常情况下，校园网络被划分为多个不同子网，每个子网有一个用于上联的交换机，各个子网汇总到网络中心连接到高性能服务器群，高性能服务器群放置在防火墙的 DMZ 区，保证内外网的安全访问。由于防护安全需求的重点是校园网的中心服务器群和网络骨干区域，为了安全起见，可采用入侵检测探测器放置在校园网关键子网的上联交换机和核心交换机上。

这样系统通过检测和防护校园网络系统中重要区域和服务器群的安全运行，既能够有效防御来自外部的威胁对校园网的重要网络区域和服务器群造成的安全损失，提高校园网络的整体抗攻击能力，又能够有效控制校园网络资源的滥用情况，阻止用户因使用各种即时通信软件、P2P 下载、网络在线游戏以及在线视频而影响网络的正常运行，并通过净化网络流量，实现网络加速的目的，通过对校园内部网络攻击和误操作进行实时保护，在网络系统受到危害之前拦截和响应入侵，从而实现入侵检测的功能。

总之，防火墙技术在一定程度上改善了校园网络安全问题，但仍然存在并且伴随一些新生的安全问题。校园网双层入侵检测系统对校园网络安全起到增强和补充的作用，随着入侵检测技术的发展，可以将诸如数据发掘、专家系统和神经网络技术融入入侵探测技术中，从而建立先进的入侵探测算法的数学模型，并且将围绕 Internet 本身、网络安全和通信协议之间，把无序的数据演变成有序的数据，将人控制的网络安全软件演变成计算机自我学习，适应地方高校校园网的高速和高性能，更加有效地解决地方高校校园网络的安全问题。

第四节　教学联合体网站的建设

深化高等学校教育教学改革，推进高校教学管理制度创新，促进优质教育资源共建共享，高水平、高质量地推进高等教育大众化，是高等学校一项长期而重要的任务。高校要以"共建"和"联合办学"为主要形式，通过发展各种形式的联合办学，努力提高办学效益。同时随着信息时代的日益发展，计算机技术及网络技术在教育领域广泛应用，高校教学联合体网站应运而生。构建高校教学联合体网站能突破时间、空间和地方高校教学媒体信息上的限制，为高校教学管理、教育管理提供一个理想的共享平台，有效促进了高校教学联合体的建设进程。

一、高校教学联合体网站的设计

（一）高校教学联合体网站的主要功能模块

高校教学联合体网站除了涉及高校普通网站应有的网站公告、新闻动态、科研动态、重要链接、后台管理等模块外，还应包括以下主要的教学联合功能模块。

1. 用户管理模块

在高校教学联合体网站中有两类用户：学习者和高校联合体的教师。高校教学联合体的教师兼有系统管理员功能。用户注册只是针对学习者的，高校教学联合体的教师则是通过手工分配管理的。新用户注册包括：呈现注册时的填写表格和注册要求，检查用户注册输入信息的合法性，给出输入错误的提示信息，检查用户名是否重名，将用户注册信息保存到数据库中，给出用户注册成功的信息提示。用户进入高校教学联合体网站的页面后，可以随时修改个人资料。用户可修改用户名和用户角色以外的内容。用户资料修改功能包括：呈现用户原来注册时的所有信息，呈现修改资料表格，检查用户修改内容的合法性，将修改后的用户信息保存到数据库中，给出用户修改完成的提示信息。

2. 资源中心模块

在一定范围内开放资源，向社会公开自己的资源质量，让更多的人享用资源，是高校教学联合体发展的需要，更是各校自身发展的需要。可见，资源是高校教学联合体网站的核心功能，所以对高校各类资源的建设和组织至关重要。

高校教学联合体网站的资源有一部分是在网站建设时提供的，比如，高校教学联合体相关的文件、规章制度、招生与就业信息以及图书信息资源等。还有一部分是在后期使用中由教师和学生在进行学习、探索和研究过程中不断积累和收集的，比如，高校教学联合体的在线学习资源以及精品课程等。用户可以使用所有的高校教学联合体相关资源，也可以把自己收集的相关资料上传到服务器中供其他用户浏览和使用。

3. 教学管理模块

教学管理模块的主要功能就是在教学资源共享实施计划的框架下，建立有利于学生跨校选修专业和课程、学分互认、教师互聘、优势互补的教学管理平台和服务体系。通过该模块的应用可以建立有利于教学资源共享的运行制度，鼓励教学联合体的各校尽可能多地开放实验室、图书馆、计算机中心、体育场所等教育教学设施。

4. 协作学习模块

协作方法是达到协作教学目的的有效保证，方法正确可促进联合教学的深入发展。在协作方法上，高校联合体要本着教学信息反馈、教学经验交流、教学优势互补、教学资源共享的原则广泛开展教学，协作学习模块就是基于这样的目的而设计的。

从本质上讲，高校教学联合体协作学习模块类似于论坛，但高校教学联合体协作学习模块功能更为全面，是所有高校教学联合体用户实现交流的一种方式，它为高校教学联合体的用户提供了一个相互交流的平台，更为用户进行协作学习提供工具：可以实现高校教学联合体用户针对某个专题提出讨论主题；联合体所有用户参与主题讨论，发表自己的观点；管理员向用户发布公告信息。此外，还可以实现高校教学联合体用户围绕学习内容展开，根据不同的学习内容采用不同的活动方式，强调高校教学联合体用户之间的协作能力和实际解决问题的能力。组织者要良好地组织和引导协作活动，使高校教学联合体用户体会协作学习的有效性。

（二）高校教学联合体网站的 C/S 处理流程

高校教学联合体网站的三层结构中，一台服务器对应有许多客户端，为了降低 Web 服务器处理数据的负担，要让尽可能多的代码在客户端执行，即在客户端处理一些程序，比如即时检查用户的输入内容是否合法，这就需要在客户端使用脚本语言来处理，而不是将程序提交到服务器再处理。高校教学联合体网站中客户端处理程序是使用 JavaScript 脚本语言来实现的。

此外，高校教学联合体网站的客户端和服务器之间，使用了标准的 HTTP 通信协议。客户端通过 HTTP 协议向服务器端提出请求，并得到响应。服务器端接受客户端的请求后，根据要求处理数据，并将处理结果以页面的方式返回给客户。高校教学联合体网站中使用的 Web 服务器就是 IIS，IIS 提供了 Internet 服务器应用程序接口（ISAPI）。当 IIS 从客户端收到一个扩展名为 asp 的 Web 页面请求时，就会通过 ISAPI 接口发送给 ASP，由 ASP 处理这个页面，并通过 IIS 的 ISAPI 接口向客户发出响应。

二、地方高校教学联合体网站的安全性

地方高校教学联合体网站的有效实施为高校教学及管理的信息化提供了平台，这一平台意义重大，保证该平台的安全性尤为关键。地方高校教学联合体网站的安全性主要通过以下几个措施加以保证。

（一）服务器双机热备

为了保证数据的安全，提供高性能价格比、高可靠性的集群技术应为首选。因为集群可以很好地实现负载均衡与容错，更重要的是具有可靠的安全性。高校教学联合体网站平台采用 MSCS（Microsoft Cluster Service）、NLB（Network Load Balancing）、CLB（Component LoActiie Balancing）。所有服务可在集群内均衡分布访问的 IP 流量，实现如下功能：解决高校网络拥塞问题，服务就近提供，实现地理位置无关性；为高校教学联合体网站的用户提供更高的访问质量；提高服务器响应速度；提高服务器及其他资源的利用效率；避免高校网络关键部位出现单点失效的错误。

（二）数据备份与恢复

根据地方高校教学联合体网站平台以及原有，一些应用系统的需求，采用高校网络数据备份、系统灾难恢复和网络数据恢复策略。高校教学联合体网站平台包含大量的共享数据，每天都会有数据产生，并在高校网络上传输，最终进入一套设计完善的数据库系统。对于这些系统的备份，建议采用磁带备份的方法，结合专业的备份软件，具有实现固定周期的系统灾难恢复的功能。

（三）数据库的安全保护

数据库的通信保护：数据库与应用服务器直接的通信采用数据库的 IP-SEC 加密通信方式，保证数据传输的加密。数据库的权限保护：该保护建议采用数据库支持的认证授权方式，确保系统的稳定性、可靠性。用户定义的数据库角色：这些角色将数据库中具有相同安全权限的用户分为一组；需要创建数据库登录，将它们映射到特定的数据库用户；然后将数据库用户添加到数据库角色，并使用角色在单独的数据库对象（存储过程、表和视图等）上创建访问权限。

（四）网络传输及本地数据的加密保护

地方高校教学联合体网站所有主要的客户端与网络中心服务器端双向传输的数据、信息等，由通信程序进行 DES 加密后传输，以确保高校教学联合体网站服务器与用户端之间传输数据信息的安全。

三、高校教学联合体网站的配置发布

地方高校教学联合体网站建设完成后，需要进行相关的配置，以发布任务，从而实现高校教学联合体网站的试运行。

（一）配置 IIS 的 IP 地址

IP 地址是每台计算机的网络地址。IIS 作为服务器管理软件，应该为其配置一个特定端口地址，作为访问时的地址。系统默认的 IP 是 127.0.0.1，设置 IP 和端口号时，右键点击"默认 Web 站点"，选择"属性"，然后选择"Web 站点"即可设置 IP 和端口号，并可针对不同的虚拟目录配置不同的端口号。

（二）建立虚拟目录

右键单击"默认 Web 站点"，选择"新建"，然后选择"虚拟目录"，根据提示的各个选项即可设定指定物理地址的虚拟目录，包含在该虚拟目录中的文件即可在 IIS 上运行。

（三）设定虚拟目录

虚拟目录建立以后，需要对它的各个属性进行设置，包括访问的权限、应用程序设置以及虚拟目录默认的首页。完成这些 IIS 的配置对 ASP 文件的顺利运行是不可或缺的。

（四）运行程序

用 IE 或其他浏览器的浏览功能，也可以用我们先前配置的虚拟目录来浏览。

总之，我国高等教育已从精英教育模式转变为大众化教育模式，地方高校的管理体制尽管加快了改革的步伐，但仍赶不上社会发展的需要，高等教育结构的现代化尚待完成。而高校教学联合体网站的构建就是寻求高校发展的一种创新办学模式，它可以实现盘活教育资源、降低教育成本、提高办学水平、促进社会经济发展的目标。高校教学联合体网站的建设，也标志着高等教育坚持科学发展观，步入规模、结构、质量和效益全面协调发展的新阶段。

第七章 信息技术在高等教育教学实践中的应用

随着以网络和多媒体为代表的信息技术的迅猛发展,教育领域内发生了翻天覆地的变化。信息技术教育应用的理论与实践研究不断地改变着学与教的面貌,教学目标、教学内容、教学方式、课堂环境、评价体系等都发生了较大的变革。这种变化在高等教育教学实践中最为显著。本章就主要对网络资源、视听觉媒体、教育效能工具和知识管理工具、远程教育中的自主学习与学习支持、翻转课堂等在高等教育教学中的应用进行相应的探讨。

第一节 网络资源在教学中的应用

网络资源主要是指蕴涵了大量的教育信息,可以创造出一定的教育价值,以数字信号的形式在互联网上进行传输的信息资源。这些资源可以供学习者使用,促进他们的学习。在这一过程中,这些资源的要素可以被单独使用,也可以由学习者将它们组合起来使用。在高等教育教学中应用网络资源对教学效果的提高来说无疑具有重大的意义。

一、网络教学资源的类型与特点

(一)网络教学资源的类型

教学中的网络资源根据不同的分类标准有不同的分类方式。从学科角度,可分为语文、数学、英语、物理、化学、历史、地理、生物、政治等教学资源;从语种角度,可分为中文、英语、法语、俄语等教学资源;从资源的作用角度,可分为课件、模拟演示、教案、操作与练习等教学资源;从资源的使用环境角度,可分为基于课堂教学的资源和基于学习者课外自学的资源。

(二)网络教学资源的特点

传统的教学资源容易受到环境、条件的限制,如书本、报纸、杂志等放置时间长了易发黄,等等。随着现代信息技术的发展,现代信息技术教育中的网络教学资源弥补了传统教学资源的不足,特别是在网络技术高度发展的今天,网络教学资源具有以下几个特点。

1. 数字化

数字化是计算机数据处理和网络传播的本质特性。正像构成物质世界的基本单元是原子一样，计算机处理的数据是 0 和 1 两种状态，构成网络信息世界的基本单元也是 0 和 1 两种状态。教学资源数字化是指将文本、视频、动画等信息经过转换器抽样量化，由模拟信号转换成数字信号。各种各样的图片和声音，归根到底都是通过 0 和 1 这两个数字信号的不同排列组合来表达的。数字信号的可靠性相对较高，能够较容易地实现对它的纠错处理。

数字化的意义不仅是便于复制和传送，更重要的是便于不同形式的信息进行相互之间的转换。一定的信息通过编码转换成数字，再经过信道的传输到达终端，然后通过译码还原为一定的信息。这样的教学资源可以通过网络实现远距离传输，学习者可以在任何一台上网的计算机上获取自己需要的信息。

2. 开放性与动态性

随着网络的发展，教学资源已经能够将传统的或者说物理上的空间概念完全打破。从北京到泰国与从北京到杭州的距离，在网络上是一样的。这就意味着真实的地理隔离、国界等限制不复存在，网络上的教学资源可随用随取。此外，对于各种教学资源，其信息结构不再是一成不变的，用户可以对信息进行重新组织，重新建立连接。[1] 所以说，网络教学资源也具有动态性特征。

3. 多媒体化与非线性化

网络教学资源的显示呈现是多媒体化的，这是指人们可以利用多媒体计算机技术存储、传输、处理文本、视频等多种媒体学习资源。这与传统的单纯用文字或图片处理信息资源的方式相比要丰富得多，对教学信息和教学资源的种类进行了极大丰富。使用多媒体信息进行教学，不仅可以快速、有效地传递知识内容，还能够灵活适应各种不同类型的学生学习，满足了不同层次学习者对学习的需求。

现代信息技术教育中的网络学习资源采用超媒体技术构建，支持文本、音频、动画等多媒体信息，并采用超文本的方式组织信息，这十分适合表现非线性的网状知识，也与人脑的认知思维方式相适宜，能够促进教学信息的有效组织以及知识的迁移。所以说，网络教学资源的组织是非线性化的。

4. 交互性

交互性是新一代以"学"为中心的教学资源的核心特征，也是区别于传统信息交流媒体的主要特点之一。传统信息交流媒体对信息进行单向的、被动的传播，而交互性的信息化教学资源则可以使人们积极主动地选择和控制信息，从而打破时空的界限，学习者可以用同步或不同步的方式进行学习，教师与学习者、学习者与学习者之间可以采用文字、声音等媒体进行双向或多向的信息交流。网络上的学习资源是一个全球性的数字图书馆，无论学习者需要何种信息，都可以在其中找到。Web用超媒体的方式对信息进行组织，与人们的认知结构比较符合。另外，现代信息技术教育中的网络教学资源还有极其强大的搜索机制，便于学习者在茫茫的信息世界中快速找到所需的信息。

二、网络教学资源的检索和下载

（一）网络教学资源的检索

1. 搜索引擎概述

当我们在互联网上获取需要的某类教学信息却不知道其所在的网址时，通常使用搜索引擎进行检索。搜索引擎是"一种用于帮助互联网用户查询信息的搜索工具，它以一定的策略在互联网中搜集、发现信息，对信息进行理解、提取、组织和处理，并为用户提供检索服务，从而起到信息导航的作用"。

搜索引擎按其工作方式的不同，主要可以分为三种，分别是全文搜索引擎（Full Text Search Engine）、目录索引类搜索引擎（Search Index/Directory Engine）和元搜索引擎（Meta Search Engine）。

虽然利用搜索引擎能够检索到大量的信息，但是没有任何两个搜索引擎的搜索结果会完全相同。为了获得理想的搜索结果，需要选择合适的搜索引擎。在高等教育教学中，常用的搜索引擎主要有百度（https：//www.baidu.com）、360导航（https：//hao.360.cn）、Google（https：//www.google.com.hk）、有道（http：//www.youdao.com/）等。

2. 利用搜索引擎检索教学资源的步骤

（1）明确检索需求。在开始检索之前，应该首先对检索需求进行仔细分析，明确所要检索的是什么样的信息，这是成功进行信息检索的前提。

（2）选择合适的搜索工具。每种搜索引擎都有不同的特点，只有选择合适的搜索工具才能得到最佳的结果。

（3）确定检索范围。网络信息纷繁复杂，因此，要想检索出需要的信息，就必须对网络信息资源进行选择。也就是说，检索的范围对检索的结果起着举足轻重的影响。检索范围过于宽泛或过于狭窄，都会使得检索效果大打折扣。

（4）选择合适的关键词。关键词是反映主题概念的词或词组。搜索引擎会根据输入的关键词，自动检索包含关键词的信息。关键词选择的恰当与否，在很大程度上决定了检索结果的相关性和有效性。

（5）构造合适的检索表达式。检索表达式是用户检索所用的计算机可以识别的公式，它由检索词和操作符根据一定的语法规则组合而成。检索词是用于检索的正式词，操作符包括逻辑操作符、截词操作符、位置操作符、字段操作符等。检索表达式的构造能否对用户需求进行充分反映,决定了检索质量的高低。最常用的操作符有加号"+"、空格等。通常情况下,为了让检索结果更加精确,可以输入多个关键词,多个关键词之间用加号"+"或空格进行组合,形成一个检索表达式。例如,搜索《春》(朱自清)一文的写作背景,关键词应该是"春+写作背景"。如果以"朱自清+写作背景"为关键词,则找到的是朱自清生平、朱自清作品集等。如果要查找描写春天的古诗,就要以"春天+古诗"作为关键词进行搜索,不能用"描写春天的古诗"为关键词,这里的"描写"和"的"会影响搜索结果。

(6)正式检索。正式检索通常不用用户亲自执行,用户只需按"检索"或"开始"等按钮即可。计算机检索系统会根据用户提供的检索表达式自动搜索数据库,并且将匹配结果显示给用户。

(7)评价检索结果。对检索所得的结果进行评价,看是否可以满足自己的检索要求,如果已满足,则利用该检索结果,不再对其他检索过程做任何处理;否则,应再回到以上各个步骤,对检索需求进行重新分析,确定检索范围,重新选择检索工具,必要时修改关键词以及检索表达式,重新进行检索。

(二)网络教学资源的下载与保存

无论是通过哪种检索方法搜索到的教学资源,往往需要从互联网下载到自己的计算机中。由于素材文件的类型不同,其下载方式也不同。

1. 下载素材类资源

对于文本类素材,可以通过选中文字内容,单击【复制】→【粘贴】命令保存所需文字,或者将整个网页另存。

对于图片类素材,可以通过鼠标右击图片,单击【图片另存为】命令保存所需图片,注意在保存过程中更改保存路径。

对于动画、音视频甚至是整个教学资源课件压缩包等其他素材,可以用鼠标指到资源链接地址并单击右键,在弹出的菜单中,选择【目标另存为】选项,即可将资源保存到本地计算机。但是这类资源往往比较大,采用【目标另存为】的方法来下载,有时速度会很慢,有一些素材还不能直接用【目标另存为】的方法来下载。此时,就需要一些专门的下载工具,如网际快车、迅雷、电驴、硕鼠等。这些下载工具都支持多任务下载和断点续传功能。

2. 保存网页资源

检索教学资源时,如果需要保存网页中的全部内容,可以打开【文件】菜单,选择【另存为】选项,弹出保存网页对话框,选择相应的"保存类型",将所需网页的内容全部保存或只以文本文件的格式保存到本机。

(1)在保存类型中,选择网页,全部(*.htm;*.html)项,保存的结果是,除了具有这个网页的文件外,还有一个文件夹,文件夹里面存储的是该页面的图像、动画等素材信息，断开网络之后，打开网页文件，各类信息都还存在。如果删除该文件夹，那么整个页面也会被删除。

（2）选择【Web 档案，单一文件（*.mht）】项，保存的结果只有一个 mht 文件。此文件中不仅包含了该页面的文本信息，而且包含了该页面中的图像等其他信息。

（3）选择【网页，仅 HTML（*.htm；*.html）】项，保存的结果只有一个网页文件。断开网络之后，打开网页文件，则页面中只剩下文字信息，其中的动画、图像等各类信息都已经消失。

（4）选择【文本文件（*.txt）】项，保存的结果是一个文本文档，里面只包含纯文本文字信息，多媒体信息均被剔除。

3.收藏网址

利用搜索引擎可以搜索到很多优秀的教学网站，为便于在今后的时间访问这些网站，通常需要收藏这些网站的网址。

打开要收藏的网页，单击【收藏】菜单，单击【添加到收藏夹】命令，弹出【添加到收藏夹】对话框。在对话框中，输入网页名称，单击【确定】即可。

为便于对这些收藏的网址进行有效管理，往往需要创建一些文件夹进行分类管理。在【添加到收藏夹】窗口中单击【新建文件夹】命令，在【文件夹】名后面输入要创建的文件夹的名称，单击【确定】，这样就在收藏夹下面新建了一个文件夹，所有有关课件类的网址就可以收藏到这个文件夹中。

为了进一步管理收藏夹，可以打开【收藏】菜单，单击【整理收藏夹】命令，弹出【整理收藏夹】对话框，可以对收藏夹进行创建文件夹、对文件夹或网址重命名、移动文件夹或网址等操作。

三、网络教学资源的应用形式

互联网上丰富的教学资源不仅形成了一个拥有大量数据的资源仓库，更发挥着对教育教学强大的支持和服务功能，这些功能极大地冲击着教学结构本身的改革，无论是教师的备课、教学，还是学生的学习，包括教务人员的管理工作，都会由此而发生根本性的变革。也就是说，网络教育资源实现的是从效率到效果的双重改变。网络教学资源主要的应用形式有以下五种。

（一）电子备课

电子备课的概念是相对于传统的教师基于教材和教学参考书进行备课而言的，它指备课过程的信息化，即利用计算机和其他现代信息技术，以多种媒体信息作为素材，以操作电子文件的方式查阅资料，或制作能够更好表现讲授内容的文字、声音、图形和图像文件，最后以适当的方式将它们有机地集成在某种介质上。

电子备课的资料范围广、备课效率高、生动形象、交流方便，在形式与内容上的拓展突破了传统的文本教案的局限，使得教学环节的设计能够直接运用于课堂，实现教案、课件、学件的综合一体化，有利于学生的个性化学习与自主性学习。

（二）基于资源的学习模式

网络为学习者提供了极为丰富的学习资源，包括数字化图书馆、电子阅览室、网上报刊和各种数据库、多媒体电子书等。学习者只要掌握了一定的信息获取技能，就可以通过各种网上检索机制，方便快捷地获取自己所需要的知识。

基于资源的学习与传统的学习模式有很大不同，这不仅表现在学习者及教师的地位与角色发生了改变，更主要地表现在基于资源的学习强调学习的过程，而传统学习模式强调学习的结果；基于资源的学习侧重于培养学习者发现信息、利用信息解决问题的能力，而传统学习模式侧重于强化学习者对知识的记忆。总之，基于资源的学习模式是一种更适合信息时代网络化社会的学习模式。

基于资源学习的主要目标是为学生提供各种机会，使他们在获得基本知识的同时，形成独立的学习技能，逐步使学生具备终身学习的意识与能力。这种学习模式的特点是：不是将现成的答案直接展现在学生面前，而是为他们提供一个非良构的学习环境，这个环境中包含了要实现学习目标可以参考的各种资源，学生通过对这些资源进行筛选、分析、综合以及实际应用，最终达到对知识的深层建构，并形成信息加工和解决问题的能力。

（三）信息服务

互联网正以一种特殊的顾问身份，为用户提供全方位的信息服务，不仅提供具体的资源内容，还针对用户的实际需求主动提供策略与解决方案。教育教学信息也是其中之一，它能为教育中存在的问题进行诊断和评价，帮助用户找到解决问题的可行性方案。用户在通过互联网获取教育信息的同时，也贡献了自己的观点和资源，从而完善和丰富了教育信息网络。网络教育信息中包含了大量优秀的有关教育教学的理论、模式、策略、经验、案例以及学科知识，一旦我们求助于它，它就可以分析组合所有有关信息，最终给我们一个合理的方案。当然，完全依靠技术的手段来实现是不可能的，网络教育仍需要大量的人工因素，通过制定一系列的信息规则和推理机制，我们能将原来杂乱无序的信息加工成具有信息服务功能的资源。

（四）知识存储与共享

知识的数字化存储已成为时代不可扭转的趋势。虽然用于教育中的知识大多是人类长时间的实践所证实了的，网络资源的开发并不能增加知识本身的数量，但它能大大提高知识积累的质量，实现对知识的高效利用。它把原本无序的、零散的知识科学的组织，使之系统化、条理化，学习者因而能对积累的内容有更为深刻的理解和认识，并能借此发现新问题，产生新想法，得到新启示，实现真正的创新。

互联网集中了每个人所创造的信息，多种多样的信息瞬间就可以存取，跨学科、跨文化的对话和交流可以广泛地进行，合作和竞争进一步加强了。求变、求新、多样化和快节奏是网络时代学习的重要特征。它要求我们具备广阔的视野、活跃的思想、敏捷的思维和即时应变的能力，并要求我们积极地利用网络资源与他人交流并不断完善自我。

（五）模拟体验

网络教学资源以非线性的、更符合人类思维习惯的方式进行组织，既包括静态的数字资源，又包括因人的交流与交互所形成的社会化氛围，如虚拟社区和专题学习网站。蕴含在网络信息中的这些氛围来源于生活在现实中的人，因此，它与现实社会有一定的相似性，但由于存在媒体的面纱，每个人都以自由化的方式演绎着个性活动，因此，在网络上的信息活动是一种虚拟的体验，既可以是现实生活学习的模拟，如虚拟实验室、虚拟实验平台、专题学习网站，使位于不同区域的人像同班同学一样共同参与讨论，并协作完成基于实际问题的任务；也可以是对过去和未来的一种幻象，如对历史事件的模拟重放，对宇宙空间的多维展现，使网络能构建出现实教学中无法实现的场景。

第二节 视听觉媒体的特性与教学应用

从记忆的心理学研究表明，视听觉并用所获得的信息，能得到最高的记忆保持率。所以，在学习过程中，视觉、听觉并用，也必然有利于人们提高学习效果。视听觉媒体正是一种能让视觉、听觉并用，促进学习效果的媒体。它既可以提供活动的图像画面，又可以提供与画面相配合的声音信息。视听觉教学媒体设备主要有电视机、录像机、摄像机、无线电视系统、闭路电视系统等。

一、视听觉媒体的主要特性

（一）视听结合

视听觉媒体是通过形象逼真的画面与优美动听的音乐、音效和语言同时呈现视听觉信息的。图像画面擅长于形象直观，语言解说擅长于抽象概括，音乐、音效擅长于渲染气氛。视听结合多种感官的综合作用，使学生身临其境，有助于在教学中弥补学生直接经验的不足。

（二）突破时空限制

视频具有极其丰富和灵活的时空表现力，能够充分表现宏观、微观、瞬间和漫长的事物及其过程，能够按教学需要有机地组织画面内容，有利于在教学中让学生深入地观察、认识、理解和思考。比如用显微摄像可以将肉眼看不到的现象、过程放大，栩栩如生地呈现出来，化小为大；用普通摄像手段可将宏观事物缩小呈现在电视屏幕上，化大为小。同时，可以将变化极快和极慢的现象、过程用合适的速度表现出来，化快为慢，化慢为快。应用动画技术可以追溯远古，预测未来，创设时空。应用画面景别的变化、镜头运动和组接技巧，可以表现事物现象的空间和时间变化，更好地引导学生观察。

（三）较强的时效性

通过卫星的电视转播可将世界各地发生的重大事件适时、准确地传遍全球，这样就能使教师和学生及时获得当前的最新新闻，从而大大扩展他们的视野，让他们在信息获取上更为快捷便利。

（四）灵活多样

随着电子技术的进步，电视教材在制作程序、方法及使用操作上越来越灵活多样。在教材的使用和保存方面可以采用存成录像带、VCD、DVD等形式，更加符合教学需求并便于携带，可以实现从课堂教学到家庭自学的各种教学模式。

（五）教育范围广

卫星教育电视系统所构建的"天罗地网"，可以同时面对众多的观众，也可以进入课堂，进入家庭。它传播面广，受教育面大，使大规模远程教育及终身教育成为可能。

二、电视的教学应用

在视听觉媒体中，电视是最具代表性的媒体。电视是通过通信线路把节目活动现场或记录的景物现象在一定距离之外以图像的形式重现的技术。电视信号的传播过程，就是在发送端通过摄像机将实际景物的光像信息转变为图像电信号，声音信息则通过话筒转变成声音电信号，经过一系列处理后进行发射传输，而在接收端则是通过电视机将电信号还原成图像和声音的过程。

当前，电视广播教育、卫星电视教育、电视录像教育等教育手段由于其特殊的优势，在提高全民文化素质，进行职业技术教育、成人教育、终身教育等方面发挥了较大的作用。以下几个方面是电视类媒体在教学中的常见应用。

（一）利用广播电视系统进行系统教学

系统教学是指采用录像、电视手段进行整门课程的教学。教学信息主要通过卫星广播电视、闭路（有线）电视、录像教学点三种播放形式进行传播，而教师主要参与辅导、答疑、批改作业等。例如，我国的广播电视大学、电视师范学院就主要采用这种教学形式，它不仅可以大面积地传播教学信息、提高教学效率，还可以解决师资不足的问题。

（二）应用电视录像媒体进行示范教学

教育者通过利用电视录像媒体为学生提供典型的示范材料可以进行示范教学，指导学生进行教学实践。在实际的教学中，教育者可以利用电视录像媒体将实验原理、实验步骤、实验方法等形象、直观地再现于课堂，对学生进行实验前的指导教学。比如实验前，学生通过观看实验演示录像，不仅能目睹实验的全过程，还能通过不同角度拍摄的近景、特写等画面详细观察仪器设备的构造和细节，依照相应的解说和示范，准确高效地掌握实验操作步骤，同时通过正误操作的比较吸取经验教训，避免类似错误的发生。另外，教师也可避免每次实验讲解的重复劳动，集中精力加强指导。所以，利用电视录像媒体可以优化教学，提高实验教学的质量和效率。

另外，在体育训练时，用电视录像可以展示分解动作及要领；在生产实习中，用电视录像可以展示规范的生产过程和操作方法；在师资培训中，用电视录像可以展示优秀教师的教学精华等。

（三）利用插播教学片辅助课堂教学

在课堂教学中，教师可以根据教学内容及教学计划，直接利用电视教材和播放设备，穿插播放一定的教学片进行辅助教学，及时解决教学中的重点和难点。至于播放什么内容、何时播放、播放长度、播放次数，均可以由教师根据需要及实际情况而随机地选择和控制。这种教学方式不仅使课堂教学更加灵活，而且能更有效地发挥教师的主观能动性，还能使学生的易受性大大增强。

（四）利用录像反馈加强学生的技能培训

微格教学在培训师范生课堂教学技能上具有良好的效果。微格教学是利用摄像机和录像机等设备将每个学生在讲台上的教学过程记录下来，然后通过录像反馈和小组评价，使被培训者能较清楚地看到自己的优势与不足，从而取长补短，及时纠正存在的问题，并较快地掌握各种课堂教学技能的运作规律。

（五）辅助课外教学

在课外，应用电视录像对学生进行素质教育也是非常好的教育方式。影视题材广泛丰富，内容生动活泼，寓意深刻，教育性和思想性较强，具有极大的吸引力和感染力，易为学生所接受，能给学生多层次、多侧面的直接感受。例如，播放科普教学片，既可以弥补教师的课堂教学，还可以开阔学生的视野，扩大知识面，有利于学生综合能力的培养。利用电视教材与中外名片欣赏对学生进行德育、智育、体育、美育、劳动技术教育与心理素质等多方面的教育，不但丰富了学生的课外活动，而且使学生增长了古今中外的知识，对学生的潜能开发、心理品质培养和社会文化素养提高都有十分重要的意义。

（六）帮助学生自学

电视教材不仅提供了丰富的感知材料，而且有教师在屏幕内外作分析与讲解。所以，学生利用电视教材进行自学，往往要比自学文字教材更有效果。可见，电视媒体还是帮助学生自学的一种理想工具。

第三节 教育效能工具、知识管理工具的应用

一、教育效能工具的应用

教育效能工具就是指能提高教育、教学工作效率的各种工具。当前，微软公司出品的Microsoft Office系列办公软件（也被称为办公自动化软件）是教育教学中最常用的效能工具。以下主要对Microsoft Word（文字处理工具）和Microsoft PowerPoint（多媒体演示工具）及其应用进行一定的阐述。

（一）文字处理工具及其应用

Microsoft Word是微软公司出品的Microsoft Office系列办公软件之一，它主要用在信函、报告、论文等办公文件排版方面，也用于其他印刷品的排版，比如宣传单、书籍、报纸、杂志等，是人们最喜爱的专业文字处理软件之一，在自动化办公方面应用非常广泛。Word的主要功能是创建和编排具有专业水准的文档，具体功能则包括创建文档、制作文本、绘制图片、设计表格，制作包含有图片、声音、电影的多媒体文件，制作网页并设置各种链接，设置字符、段落和文档格式，编辑长文档，制作批量文档，等等。

1.Word在教育应用中的优点

（1）有助于提高教师文字处理的效能。例如，教师借助于Word，可以更为方便快捷地编写教案和备注，编写试卷，绘制教学用图，制作课堂规章制度列表，批量制作传单、通知、学生经常使用作业单、练习和成绩单，撰写新闻稿和有抬头的信笺，撰写年终报告，批改学生作文。

（2）能制作简单的教学软件。例如，组词成句，组句成段，调整句子顺序，调整文章的段落等电子练习。与手写作业比起来，使用Word文档完成这类电子练习尤其是需要重新调整整篇文章的结构和段落的练习更加方便。同时，教师可以很方便地修改这些电子作业并保存为不同的版本；也可以通过拷贝和修改等方法比较方便地面向不同的学生布置有

针对性的作业，从而实现"因材施教"。

（3）便捷的编辑、加工、排版、作品展示与打印功能可以节省学生的誊写时间，使学生将更多的精力集中于作品内容。同时，也能使学生的作品形式更专业、更精致、更整洁，既方便教师的批阅，也使学生免去书写难看的尴尬。

（4）采用多媒体写作、超文本和超媒体写作、学生联合写作能拓展学生的写作方式，激发学生的写作兴趣，并使学生的作品更富有个性和创造性。

2. Word 在教育应用中的局限

（1）如果缺乏适当的指导，文字处理工具本身并不能自然而然地提高学生的写作能力，并且由于文字处理工具在编辑和加工上的便捷性，有可能导致写作的随意性，出现文章结构松散、文字重复拖沓等问题。

（2）缺乏必要的键盘输入能力无法有效地进行文字处理，而过多的键盘输入可能影响手写文本的能力，而目前普遍认为这两种能力都是必须具备的。同时，究竟在学生的哪一个年龄段开始学习文字处理也存在着争议。

3. Word 的教育应用

（1）输入学科符号和公式的应用。在日常的工作中，很多教师对数学、化学和物理等理科的公式编辑排版，常常采用设置下划线、行间距、字符升降、字符上标和下标等方法编辑排版，操作过程是十分烦琐的，而且排出的公式也不标准。如果采用文字处理软件 Word，不仅能方便地排版编辑出标准的、美观的公式和数学、化学等学科的特殊符号，而且会大大提高教师的工作效率。

（2）"修订""批改"操作实现教学交互。Word 中的修订功能可以保留团队或者工作组成员对于文档不同的修改痕迹，甚至完成对文档的审阅。将此功能引入教学可以加强师生之间的交互，从而改进教学课堂的学与教。教师运用"审阅"工具栏中的"修订""批注"与"突出显示"等功能，可以批改学生的作文或作业，也可组织学生互评和编辑同一作文或作业；教研室的教师（甚至不同学校的教师）可在合作编写教案和论文时协同工作，相互批改，共同提高。除了文本图形批注功能外，Word 还提供了"声音批注"功能进行教学交互。单击"声音批注"按钮（需要用户添加）会弹出"录音机"窗口，并在"编辑区"右侧显示"声音批注框"。教师用"录音机"录制的声音被自动转为"声音批注"，并可保存于文档中；学生双击"声音批注框"的小喇叭图标，即可听到教师慈祥的赞许、鼓励和客观评价之声，这是传统作文或作业批改无法做到的，应大力提倡与推广。

（3）利用"宏"编写教案模板。编写教案是一项教师日常必做的工作。由于教案内容的翔实性以及教案格式的复杂性，其编写往往占据了教师备课的大部分时间。尤其是很多学校对教案的格式规定相当严格，即便教务部门专门统一提供了教案格式范本，但由于格式呆板、排版复杂往往效果不是很好。利用 Microsoft Word 中的"宏"可以设计出灵活的、个性化的教案设计模板，从而将广大教师从复杂枯燥的排版工作中解放出来，大大提高了工作效率。当教师反复编写不同的教案时，也可以依据所录制的"宏"进行添加每个环节，并能根据实际情况加以修改，从而完成个性化的教案。

（4）使用邮件合并功能制作学生成绩报告单。教师在实际的教育教学工作中，经常会遇到需要处理具有相同格式和框架但部分项目不同的文档，如学生的成绩报告单、通知、获奖证书、参赛证、名片、工作证等。一份一份地编辑打印，尽管每次只修改个别数据，但仍然十分烦琐。为此，Word 提供了非常有用的邮件合并功能，可以减少许多重复工作，大大提高工作效率。批量引用数据源中的数据生成具有相同格式并以指定的方式输出过程称为邮件合并，它是 Word 自动化的重要体现。

（5）研究报告等长文档的编辑。在新一轮的课程教学改革中，教师的角色需要由传统的"教书匠"向"教学研究者"转变。作为教学的实践者和研究者，教师常常会撰写相关的研究型报告、论文等一些长文档。教师利用 Word 可以进行长文档的编辑，在编辑时，通常需要用目录和文档结构图的形式展示其纲要，使文章整体结构和主要内容一目了然，从而便于查找、修改和编辑。

（二）多媒体演示工具及其应用

Microsoft PowerPoint 也是微软公司出品的 Microsoft Office 系列办公软件之一。它是一个专门制作和演示电子文稿的软件，由于文稿中可以带有文字、图像、声音、音乐、动画和视频文件，并且放映时以幻灯片形式演示，所以利用它可以高效、高质地制作出精美的幻灯片，在教学、学术报告和产品演示方面的应用非常广泛。

PowerPoint 的主要功能是制作和演示电子文稿，具体功能包括创建演示文稿，编辑演示文稿，设置演示文稿版式，编辑和绘制图形，插入及编辑表格和图表，插入和编辑其他对象，放映、打包及打印演示文稿，协同工作等。

1.PowerPoint 在教育应用的优点与局限

（1）有助于教师和学生制作和演示美观的幻灯片，如制作和演示学术报告幻灯片、产品介绍幻灯片和学习成果展示幻灯片。也可以制作一些简单的动画类和交互类的多媒体教学软件。

（2）课堂教学中采用电子幻灯片，节省了板书的时间，大大地扩展了教学信息量，有利于促进教师教学方式和学生学习方式的改进。

（3）可以自定义放映幻灯片，针对不同的学生放映幻灯片的不同部分，或按不同的教学顺序播放幻灯片，从而有利于实现个性化教学。

PowerPoint 在教育应用中也是具有一定的局限性的。比如，电子幻灯片无法展示教师个人板书风格的独特性，缺乏在书写方面对学生可能产生的潜移默化的影响。

2.PowerPoint 的教育应用

（1）利用 PowerPoint 制作教师教学课件。传统教学以黑板为主要上课工具，教学质量是较突出的，但其难以避免形式单一、灵活性不强等问题。而现代信息技术中的 PowerPoint 技术为教师教学带来了一场新的革命。用 PowerPoint 软件制作课件来辅助教学，能弥补黑板教学缺乏灵活性和单一形式的不足；在教学过程中能传递给学生更多直观的、丰富的信息，有利于拓宽学生的知识面；可以通过创设生动的情境烘托课堂气氛、激发学生学习的兴趣，从而能达到一定的教学效果。

（2）利用 PowerPoint 制作宣传展示文件。随着计算机的普及和多媒体技术的发展，运用多媒体教学已经逐渐成为一种趋势，在众多制作课件的软件中，PowerPoint 无疑是比较简单和容易操作的。PowerPoint 不仅可以用于学校教学中的课件制作，还可用于在学校或其他机构制作各类生动形象的宣传文件或者展会文件。在电子幻灯片的制作过程中，教师并不需要掌握编程技巧就可以制作出包含文字、声音、图像和动画在内的多媒体展示文件。此外，利用其具有自动循环播放的功能，可以在活动中循环展示，提高工作效率，烘托活动气氛。

二、知识管理工具的应用

知识管理的概念源于企业界，它是企业经济发展的主要驱动力和提高企业竞争的重要手段。伴随着当今知识经济时代的到来，知识管理越来越受到人们的重视。知识管理的最终目的在于提高个人和组织的应变及创新能力，进而提高组织整体的生命力与竞争力。知识管理的重要内容是实现知识的转化，即显性知识与隐性知识的转化。知识管理的重要过程和步骤是知识获取、存储、共享、利用、创新的不断循环往复的过程，这个过程体现了知识管理的价值链。在当前的教育教学领域，知识管理这一内容十分突出，尤其是在教师专业发展方面。教师如果能更好地进行知识管理，则能大大促进自身的专业发展。在当前的信息技术环境下，教师的知识管理拥有诸多的信息技术工具支持。

在知识获取上，网络资源、数据库为教师获取所需要的知识提供了便捷的手段，如使用搜索引擎、中国学术期刊网站。

在知识存储上，教师利用数据库等系统可以对显性知识（教案、教学笔记、论文、教学参考资料、课件等）进行有效的分类与整理，使其数字化、档案化。

在知识分享上，基于网络的异步或同步交流工具（如电子邮件、BBS、博客、即时通讯等）让教师彼此间的知识交流与分享更便捷。

在知识应用和知识创新上，借助通用教学工具（如概念图、思维导图工具等）和学科平台工具（如几何画板等），教师可以将获取的新知识、新理念在课堂教学实践中付诸实施，并挖掘出教育教学的新知识。

以下主要对博客工具和维基工具进行相应的探讨。

（一）博客工具及其应用

1. 博客与教育博客概述

博客源于英文单词 Weblog/Blog，是以网页形态展示个人或群体的日志或札记，也有人把 Blog 翻译为网志。根据语境的不同，有时博客也指书写网络日志的人。博客网页上一般呈现着简短且经常更新的帖子（Post，或称文章或博文），它们按照年份和日期倒序排列，与 BBS 上的帖子或网页呈现上的普通文章不同的是它们可以时间、类别方式组织、整理；它们具有固定、不变的网址链接供阅读者读取；它们具有时间戳印，记录着撰写、编辑的时间；它们标出体现时序性的日期标头。博客的主要特点是频繁更新、简短明了以及个性化。

自从 2002 年下半年方兴东在国内推介博客以来，这个简单易学、几乎没有技术门槛的网络新应用逐渐受到了国内教育界的关注，不断激发着教育工作者的教育想象力。教育技术专业的老师和学生成为国内较早一批的博客应用者。他们把博客当作自己学习、研究、反思、交流的平台。有的学校、地区把博客作为促进教师专业发展的重要手段，由此涌现了很多优秀的教师博客群，如海盐教师博客、广州天河部落等。总之，博客在教育教学中的应用潜力被不断地挖掘出来，出现了各式各样的博客，如教师个人博客、校园博客网站、校园博客群、区域教师博客群等。其中教授个人博客最受教师青睐，根据每个教师的兴趣和工作重点，这些个人博客在内容主题上分为：教学反思、学科教学、教育管理、知识管理、成长档案、家校沟通、课题研究、文学创作等。博客像一块巨大的吸铁石吸引着无数的教师、教育管理者和学生加入，开始有意义的教育博客旅程。

2. 博客在教育中的应用

作为继电子邮件、BBS 和即时通讯之后的一种新型网络应用工具，博客在与教育结合的历程中，越来越显示出了其强大的生命力。当前，博客已融入教师专业发展的实践中，成为教师进行实践性反思和教育叙事研究的重要工具，同时也为教师实现知识管理提供了必不可少的技术支撑。

利用博客，教师可以将关注领域的信息进行有效的分类，特别是利用超链接，把网络上分散的海量信息进行筛选、组织，并在此基础上进行知识的再生产。教师还可以建立自己的个人知识库，收集和整合某个主题的相关教学资料，以便快速提取。

教师对博客的应用无外乎是撰写博文、阅读他人博文、评论他人博文等几个活动，这些活动恰好与知识螺旋式转化过程对应，撰写博文就是教师隐性知识显性化的过程，阅读他人博文就是教师消化吸收显性知识并通过教育实践创造出新的隐性知识的过程，评论他人博文和通过博客与同行互动就是教师隐性知识的传递过程，教师利用博客创建知识库就是教师将零碎的显性知识系统化、组织化的过程。因此，教师应用博客的过程就是在自觉地进行知识管理，教师知识的社会化、外在化、组合化和内在化无一不体现在教师应用博客的过程中。

（二）维基工具及其应用

1. 维基概述

维基是 Wiki 的汉语音译，Wiki 是夏威夷语"wee kee wee kee"的缩写，原本是"快点快点"的意思。维基是一种支持社群协同创作的超文本网页系统，任何人（有的维基网站只允许注册用户）都可以对维基网站进行浏览词条、新增词条、修改词条、版本比较等操作。因此，维基网站的使用者承担着传播者和受传者的双重角色，它们常被叫作维客。维基网站包含一组供浏览、编辑的讨论主题网页（也称词条或条目），这些词条构成了维基网站的传播内容。维基网站不是一般的 Web 网站，它包含一组支持协作式写作的辅助工具，能提供多人在线创作，方便人们对知识进行积累、管理和共享。

维基具有开放、平等、自由的特点。它主要应用于聚集众多个体的力量来构建内容丰富的知识库和创新型知识平台，如中文维基百科。中文维基百科是一个人人可编辑的自由百科全书。截至 2015 年 12 月，维基百科一共有 280 种语言版本，其中英语超过 500 万，瑞典语、德语、荷兰语、法语、瓦瑞语、俄语、宿务语、意大利语、越南语和波兰语这 10 个语言版本已经有超过 100 万篇的条目，接近百万的为日语，中文接近 86 万，另外还有 40 多个语言版本超过 10 万篇文章和超过 120 个语言版本的维基百科有多于 10 000 个条目。由于众多个人的贡献，维基百科在不断更新，它与传统纸质百科全书相比，内容更完整、观点更中立、时效性更强。

除中文维基百科外，还有天下维客和互动百科。天下维客是一个由网友共同建设的开放的电脑知识网站，许多 IT 爱好者都在天下维客网站里通过参与修改站内文章来分享知识与经验。互动百科是全球最大的中文百科网站，它以词条为核心，与图片、文章等其他媒体形式共同构筑一个完整的知识搜索体系。由于汇聚了上亿网民的头脑智慧，互动百科不断积累成全人类共享共建的开放知识库。从以上三个维基实例，我们可以发现以协同创作为主要应用功能的维基充分展现了网络时代对分享知识和群创知识的追求，维基为我们提供了一种全新的网络时代协同工作与知识共享的平台，使我们的个人智慧与集体智慧互为影响、互为促进，知识的螺旋式转化模型也有了维基技术的支撑。

维基与博客相比，最大的区别在于博客一般是由个人撰写的，而维基是群体创作的，因为任何网络用户都可以浏览维基并参与维基文本的创作。维基的目的是实现知识的积累、共享、交流、传播和再创造。

作为一般用户，可以使用万维网上现成的维基网站，如中文维基百科、天下维客、百度百科等，如有一定网络技术基础，则可以利用开源软件（如 Media Wiki）搭建自己的维基系统。

2. 维基在教育中的应用

自从1995年维基诞生以来,它已用于百科全书、知识库和某一领域的专业知识网站建设中,也在项目开发、协作、翻译、资料整理、FAQ问答等领域有所运用。由于维基具有协同工作、群体编辑的特点,它在教育领域中的应用潜力也引起了广泛关注。目前在国内,维基应用于教育教学的主要模式和方法包括建设教育教学资源库、专业学科的百科全书、教学管理、网上协同写作、学术研究等。我们主要介绍以下几种应用。

(1) 开放课程资源建设。教育大发现维基网站(Social Learn Lab Wiki)是由北京师范大学教育技术学院庄秀丽博士发起并用维基技术搭建的一个社会性学习社区(http：//sociallearnlab.org/wiki/,简称SLL),它是一个知识管理、项目管理与运行和开放课程资源建设的园地。根据社区用户的兴趣,可以参与各种维基板块的学习与贡献。例如,共建课程：用开放的方式来建设一系列社会化学习课程；学习伙伴：汇聚教育实践者、专家顾问；社区教研：展示社会化网络学习与教学方法在中小学应用的案例；知识管理：帮助个人和群体在系统思考、交流分享中应对环境的变化；热点推荐：社区当前热点动态；社区简报：每月两期发布,促进社区内部知识分享传播、向外传播分享社区实践；社区沙龙：线下的沙龙活动,以主题座谈、研讨为主；社区项目：呈现社区项目列表、项目动态以及参与方法；工具之家：合力汇集,编写优秀学习工具资源。

(2) 教师协同备课。维基提供的教师协同备课为教师共同体的知识管理、教学研究提供了新型的网络环境。例如,淄博市电教馆构建的淄博信息技术学科教师自生长学习社区维基(http：//wiki.zbedu.net/)将淄博市的信息技术学科教师连接起来,并组建小学教师组和中学教师组,在基于分享、交流、学习的理念下开展群体网络备课。在教师协同备课过程中,一般由一位教师针对课题先拟定教学目标、教学重点及难点等项目,然后参与备课的其他教师对已有项目进行思考和斟酌,提出与课题相关的其他备课重点,教师共同修改备课专栏,添加、修改各个项目内容。在确定备课中的关键内容时,备课项目的这些词条经过多位教师的反复修改和争论,直到大家的认识趋于一致。

维基环境下的教师协同备课为教师的知识管理和专业发展提供了可操作的现实途径。新入职的教师可以在协同备课中体悟优秀教师的教学智慧,并将这些隐性知识融入自己的教学实践,以改进自己的教学行为和提高教学技艺。优秀教师通过协同备课可以将自己的实践性知识应用于真实课例,并在与其他教师的思维碰撞中进行知识的社会化互动。由此可见,教师协同备课有助于教师知识的螺旋式转化。

(3) 网上协同写作教学。由于维基工具的简单易学,而且支持共享共建和协作式学习,国内已有高校教师将维基应用于大学英语写作训练中,并依托现有的维基网站构建起一种不同于传统写作方式的新型写作环境,通过实验形成了基于维基的写作教学应用模式。在这个模式中，维基工具渗透到常规作文教学的多个方面：通过共建共享组织作文素材、通过共享智慧撰写作文、在各抒己见中修改作文、在生生互动和师生互动中批阅作文、立足写作过程的作文讲评和汇聚多次作文学习活动形成作文档案袋。通过基于维基的作文教学实践，教师普遍感到维基激发了学生的写作热情，给学生一种语言表达、抒写真情的自我感、归属感、成就感。学生的写作活动贯穿始终，从收集素材到撰写作文，再到修改作文、发表评论、参与讨论等，学生的学习主体性和责任感增强，学生不仅是写作者，也是修改者、评价者。此外，维基打破了传统作文交流的时空限制，师生、生生之间的互动、共享达到了前所未有的程度。

第四节　远程教育中的自主学习与学习支持

一、远程教育中的自主学习

远程教育是以"学生为中心"，以培养学生自主学习能力为主要目标的一种教学活动。作为知识社会教育体系中的一个重要组成部分，它在高等教育中也得到了充分的应用。它克服了传统教育课堂面授学习的局限，学生能够不受教育时空的限制，充分利用教育技术和多媒体手段，开展自主学习。所谓自主学习，就是"自我导向，自我激励，自我监控"的学习。这种学习充分体现了学习者的主体性和能动性。

（一）远程教育中自主学习的主要特征

就远程教育来说，自主学习主要有以下五大特征。

1. 主动性

远程教育的学习建立在学生从被动学习到主动学习的基础之上，因此主动性是自主学习最突出的特征，也是开展远程教育的前提和保证。学生主动学习的心声就是"我要学"。"我要学"是学生对学习的一种内在需要，主要表现在学习兴趣和学习责任上。远程教育强调学习方式的转变，要求远程教育的教师在强化责任感的同时，还必须把学习的责任真正地从教师的身上转移到学生的身上。学习者只有具有浓厚的学习兴趣，负有明确的学习责任，才能在学习过程中有精力的投入，有内在动力的支持，也才能从学习中获得积极的情感体验，取得高效率的学习效果。

2. 独立性

自主学习是独立学习，所以，独立性也是自主学习的主要特征。它在学生的学习活动中表现为"我能学"。"我能学"是学生对学习的一种认知取向，表现为学生能够在学习活动中,不依赖他人,选择自己感兴趣的学习内容,确定对自己有意义的学习目标,选择适合自己的学习方式,制定符合实际的学习进度,设计自己满意的评价指标。

3. 技术性

远程教育是信息技术高度发展的产物,因此,远程教育的自主学习是建立在现代信息技术基础上的。远程学习是在师生准分离的状态下进行的,学生的学习是借助多媒体教学资源来完成的,学生只有通过现代信息技术才能将中断的学习行为继续下去。因此,技术性是自主性的第四个表征,它在学生的学习活动中表现为"我能学"。也就是说,远程教育中的学生必须能够熟练地掌握现代信息技术,充分利用多媒体教学资源。

4. 开放性

远程教育中师生异地,没有严格的约束,这给学生的自主学习带来了更大的开放性。开放性在学生的学习活动中主要体现在以下几个方面:入学前,学生可以根据自己的爱好、习惯以及优缺点,选择适合自己个性发展的专业;入学后,学生可以根据自己的学习特点及其他实际情况制订学习计划,确定达到目标所需要的时间;在学习过程中,什么时候学习、怎么学习都由自己设定。

5. 监控性

自主学习是一种元认知监控的学习,所以,远程教育中的自主学习也有监控性这一突出特征。这一特征突出表现在学生对学习的自我计划、自我调整、自我指导、自我强化上,即学生能够对自己的学习过程、学习状态、学习行为等进行自我观察、自我审视、自我调节,能够对自己的学习结果进行自我检查、自我总结、自我评价、自我补救。

(二)远程教育中自主学习的过程

在远程教育学习支持系统的支撑下,远程教育中的自主学习过程主要包括以下五个基本阶段。在这五个阶段中,第二个阶段和第三个阶段是远程自主学习的核心部分。

1. 制订学习计划阶段

作为自主学习的主体,远程教育中的学生应该重视调整自己在传统学习中的学习理念,变"要我学"为"我要学";要加强学习自律意识,磨炼学习意志,养成自我激励、自我引导、自我发现、自我监控、自我检查和自我评价的学习习惯;要弄清楚课程的目标、要求和难点,使自己的学习有一个比较明确的起点和方向;要通过与同学的交流和讨论,制订并调整自己的学习计划;要通过交流,与其他的学习者进行深入的讨论,确定自己的大致学习步骤,达到共同进步的目的(在制订学习计划时,从学习支持系统中获取帮助也是非常重要的);要充分听取教师和辅导人员的建议,在相应的支持学生自主学习的管理制度和管理模式下,获得高度规范的教学管理制度的支持,使自己的学习能够得到必要的保障。

2. 获取学习资源阶段

远程学习者应该熟悉并能使用远程学习技术,这是对远程学习者素质的基本要求。学习者只有对计算机以及网络的基本操作有所了解，才能在网上获得自己需要的学习资料。在经济不发达地区，要重视利用文字材料、电视广播等各种学习资源、技术手段进行自主学习。在获取与利用学习资源的具体策略和具体步骤上，一是要确定学习目标，二是要制定学习进度，三是要学会选择媒体资源，四是要注意网络学习资源的选择。

3. 参与合作讨论阶段

这个阶段的讨论不仅包括学生与老师之间的交互，还包括学生与学生之间的交流和讨论。讨论可以通过面谈、信函、电话、短信息、电子邮件、电子公告板、直播课堂或虚拟教室系统进行。其中，信函与电话在师生不能谋面的情况下是一种较为经济、便捷而又具有广泛适用性的通信方式。而在互联网已经开通的地区，参与合作讨论则主要是通过基于网络的通信方式，诸如电子邮件、电子公告板以及其他各种实时或非实时的网络通信工具来进行的。此外，由于远程通信方面的革命，即电视和电话技术的结合通过压缩视频、全带宽或卫星连接，为在虚拟教室里的远程面授教学提供了可能。

4. 提交学习成果阶段

这个阶段相对于其他阶段要简单一些。学习成果的界定比较宽泛：可以是一门课程结束之后书面考试的成绩，可以是就某个主题写作的论文，也可以是理论联系实际工作的项目汇报，一切视自主学习者的具体情况而定。提交的方式也要具体分析，可以是传统学校里提交的纸质材料，也可以是统一的书面考试，在面对面交流不方便的情况下，还可以在网络上开辟一个大家的作业提交区域，将学生的作业按照一定的命名方式提交，然后由教师或教辅人员收齐后进行评价。

5. 评价学习效果阶段

自主学习评价是远程教育的自主学习过程中不可或缺的一环，它以内外双向评价为主要特征，即教育者代表社会对受教育者自主学习动机、策略和能力等进行评价与受教育者内部自我监控评价相结合。远程教育中自主学习效果评价的内容包括学生的学习观、学习动机、学习策略、自我监控能力、学业求助能力、学习反思能力等。对采用自主学习这种高度策略化的学习方式而言，单一的评价方法已不大可行，必然要求在自主学习评价中量性评定与质性评定相结合，并注重动态、纵向的形成性评价。

远程教学将"以学习者为中心"当作核心思想，它要求学习者能实现自主学习。但是，远程学习者由于原本都是在传统的教学模式中接受教育的，要求他们一开始便能自主和自治，显然是不可行的。因此，为保证学习者自主学习的顺利进行，为学习者提供学习支持服务就显得非常重要。

（三）远程教育中自主学习的影响因素

自主学习是学习主体独立地获取知识的行为，因而它要受主体和客体的影响和制约，主体认知水平的高低和客体环境的好坏决定着自主学习的顺利与否和效果好坏。因此，影响远程教育中自主学习的因素可以从以下两方面分析。

1. 主观因素

影响远程教育学习者自主学习成功的主观因素主要包括学习者学习的基础、动机、能力等几个方面。

（1）学习基础。如果没有一定的学习基础，那么从事高一层次的学习是比较困难的；如果没有基础知识，那么学习者在以后的自主学习过程中就会遇到种种困难，从而影响自主学习的积极性和自觉性。因此，自主学习应该遵循循序渐进的规律，要先具备一定的学习基础。

（2）学习动机。动机是推动和指引个体从事各种活动的内部动因，其作用在于促进人们进行有目的的行为。学习动机实际上就是学习主体对学习的一种需求，是引起、维持和推动主体学习的一种内部动力。

（3）学习能力。如果学习能力不强，在自主学习过程中，遇到疑难困惑就无法解决，就会动摇信心和丧失勇气，自主学习就无法进行下去。

2. 客观因素

影响远程教育中自主学习的客观因素主要包括两类：一类是自主学习的环境因素，主要有学校环境、家庭环境和社会环境；另一类是自主学习的媒体因素，主要有文字教材、音像教材和计算机网上资源等媒体。

（1）环境因素。学校环境主要包括教室、图书馆、实验室、电脑室、校园文化、气氛、风气、人际关系以及学习支持服务系统等因素。一个宽敞、美丽、宁静、舒适，具有和谐气氛、功能完备的校园，能使人静下心来自主学习，而一个嘈杂喧闹如农贸市场的校园，不能叫人安心学习，更不用说自主学习了。家庭环境主要包括家庭的经济条件，家庭成员的文化程度、思想观念等。经济条件好，在家里学习的条件就好；如果家庭成员不理解、支持学习者的学习，学习者的自主学习就有较大阻力。社会环境主要指社会学习氛围。社会是学习者学习的大环境，如果一个社会不崇尚学习，不鼓励学习，学习者的自主学习就有很多困惑和干扰。

（2）媒体因素。文字教材是知识的主要载体，文字教材的好坏直接影响着学习者自主学习的效果。而对现代远程教育来说，音像教材和网络资源对学习者自主学习的影响也越来越大。

（四）远程教育中自主学习能力的培养

远程教育环境下学生自主学习要求学生能主动地、有主见地学习，也就是要在教学过程中充分调动和发挥学生的主观能动性。在此学习过程中，培养学生的自主学习能力尤为重要。要想培养这一能力，需要从以下几个方面努力。

1. 激发远程学习者的学习动力

学习动机是学生自主学习的内在推动力，它主要表现为学生的学习志向和愿望。远程学习者由于入学之前长期处于传统教育的环境中，已习惯于依赖教师的学习方式，自主学习意识淡薄。因此，远程教育中学习中心和教育者应加强引导，通过各种形式向学习者宣传讲解远程教育的特点和优势，加深学习者对新的教学模式和学习方式的理解和认同，促使他们转变学习观念；通过开展网上答疑、网上讨论、网上测试等活动，加快学习者对远程网络学习环境的熟悉和适应，增强他们自主学习的信心。同时，帮助学习者树立对远程学习价值的正确认识，帮助他们通过对自身知识技能、智力水平及学习任务的分析，制定具体的、可实现的学习目标，以激发学习者的自主学习动机。此外，在教学过程中要利用各种教学途径、教学内容和激励机制等，调动学习者的学习积极性和主动性。

2. 丰富远程学习者的学习策略

要培养远程学习者的自主学习能力，教会他们一定的学习方法，丰富他们的学习策略是非常重要的。学习策略的熟练掌握和运用是自主学习的重要保障，是一个成熟的独立的自主学习者必备的能力。在远程教育的教学设计中，教育者不仅要注重"授之以鱼"，更重要的是"授之以渔"。在具体教学过程中，教育者要在结合教学内容的基础上提供尽量多的范例，讲明相关策略知识及策略使用的范围和条件，给予学习者充分的策略练习机会，使之熟练运用。同时，也可以考虑设计开发基于网络的远程学习策略指导咨询系统，对远程学习策略进行专门指导和训练。

3. 培养远程学习者的自我监控能力

培养远程学习者的自我监控能力就是指培养远程学习者控制整个自我学习过程（识别、规划、管理、评价、修改）的能力。在培养学习者尝试自我识别、组织、制订并执行学习计划、自主选择学习策略的情况下，还要培养其对学习进行自我评价的能力，并在学习的过程中不断总结经验，根据学习的实际情况调整学习的进度和方法，积极探索构建适合自己特点的、最佳的自主学习模式的能力。另外，要培养学习者通过现代通信技术主动、积极地与学校的教师、教育管理工作者联系，以便在学习环境中形成一个组织良好的反馈系统，帮助他们做出自主决策，共同探索和营建有效的自主学习方式。

4. 加强远程学习者的相互协作，增强归属感

马斯洛的需要理论认为，归属和爱的需要是人的基本心理需要，这种需要若长期得不到满足，就会降低行为效果，造成心理障碍。虽然远程教育以学生的自主学习为主要方式，但也同样支持协作学习。加强协作学习可以减轻远程教育环境中学生的孤独感和心理压力，有效稳定和增强学生的学习动机。因此，在远程教育的自主学习中，教师要充分利用远程教育的技术优势使学生在进行自主学习的同时学会并习惯在信息技术支撑的虚拟交流空间进行协作，进行思维的碰撞，以利于他们用多重观念理解知识，思考问题，提高生成

性学习的机会，并增强归属感。

5. 为远程学习者提供信息技术保障

培养远程学习者的自主学习能力还必须加强信息技术的支撑与保障作用。在教育信息传播过程中，信息技术把教师的教与学生的学紧密联系起来，并通过互相反馈，达到教与学在方式、风格、内容上的最佳契合。现代远程教育环境中的学习，由于与传统的学习方式有所不同，因此更加需要学生主动地通过各种媒体来加强交互，这就是自主学习的精髓，即学习不是在没有支持的独立状态下进行的，而是在主动与周围环境的交互作用下达成的。因此，决定自主学习的关键因素是个体与环境的交互，而支撑交互的信息技术则是自主学习成功的关键因素之一。

二、远程教育中的学习支持

远程教育中的学习除了以课程材料为核心的教育资源创作、设计、开发、发送与评价做支撑外，学生学习支持服务也是一个重要的支撑。完善的学习支持服务系统能够有效保证远程教育质量、降低辍学率，同时直接关系着远程教育的成败。因此，必须重视远程教育中学习支持服务系统的构建。

（一）学习支持的内涵

学习支持也可称为"学习支持服务"，是伴随着远程教育的产生而产生的，它开始只是作为解决函授教育中的辍学问题而提出的一项措施，是课程设计、开发和发送的函授教育的补充部分，但后来逐渐发展成为远程教育的一大基本功能，并逐渐成为新一代远程教育的核心。学习支持服务思想体系伴随着长期的远程教育实践与研究也越来越成熟。

对于学习支持的理解，向来有不同的解释。有学者认为，学生学习支持服务就是师生之间或学生之间的人际面授交流活动。这一界定来源于对传统校园面授教育的亲近和认同。它是对学习支持最原始，也是最狭窄的理解。后来出现了一种更为普遍的界定，即将学生学习支持服务分为包括师生之间或者学生之间的人际面授活动和基于信息通信技术媒体的双向交流两大部分。远程教育受到关注后，有学者将学生学习支持服务界定为远程学生在远程学习时接收到的各种信息的、资源的、人员的和设施的支持服务的总和。

总之，学习支持的内涵变得越来越宽泛。在此，我们认为远程教育中的学习支持就是学生从注册学习课程的远程教学院校得到的各种学习支持服务的总和。

（二）学习支持服务的类型

由上述学习支持的概念界定可知，远程教育中的学习支持服务主要包括以下四种。

1. 信息服务

信息服务既包括向学生单向发送的课程注册信息、广播电视教学节目信息、网络课程教学信息等，也包括对学生求助信息、咨询信息或反馈信息的答复。

2. 人员服务

人员服务包括人际面授活动和基于技术媒体的双向通信交互活动两大类。在为远程学习提供的诸多人员服务中，辅导服务或教学辅导是最基本、最重要的一种人员服务，并且是与学生学习课程内容直接相关的一项教学服务。教学辅导服务可以是以班级或小组为单位集体进行的，也可以是个别进行的，可以人际面授（在平时或周末，在学生工作单位、当地学习中心或其他教学基地，或者举办短期住宿学校或课程培训），还可以通过通信媒体进行"非面授"和"非连续"的函授辅导、电话辅导、电视辅导、音频视频会议辅导和网络辅导等。

咨询服务是除教学辅导之外又一种重要而常见的人员支持服务。它是远程教育院校及其代表对学生在学习期间遇到的各类（与学习有关的和与学习无关的）问题提供解答、帮助和建议的服务。从学习支持服务的功能分工上讲，教学辅导和咨询具有不同的服务功能和内容，对那些与课程学科教学内容有关的问题，以及与各类课程学科性质和教学内容相关的特定的学习方法和策略问题的解答和帮助应该归属教学辅导服务。而咨询通常是对那些与特定课程学科教学内容无关的交流或个人问题的解答、帮助和建议。

3. 资源服务

资源服务就是给远程教育中的学习者提供全面的资源支持，这些支持涉及资源环境的改善、资源的共享和传播形式的完善、收集学习者对资源使用的反馈信息等内容。在资源服务中，包括课程材料发送、图书馆服务、网络资源服务等形式，其中图书馆服务是最重要的服务形式。这里的图书馆不再是传统的藏书库、阅览室，而是通过计算机网络与各地大学、图书馆、博物馆联网，拥有多媒体多载体馆藏资源和各种动态开发资料库、数据库的电子图书馆。远程教育院校的图书馆还应具有自己作为开放与远程服务的专业特色，建成从校本部到各地学习中心辐射的分布式网络结构的电子图书馆系统。同时，要与其他大学的公共图书馆结成紧密的协作关系，实现资源共享。

4. 设施服务

设施服务就是远程教育院校及其在各地的学习中心或教学站点为学生提供各种学习设施和设备服务。上述信息、资源、人员服务都是在设施服务的基础上进行的，设施服务为其他各类学习支持服务提供了物质技术基础与保障。设施服务主要包括图书馆相关设施服务、视听设备服务、通信设备服务、计算机及网络服务等。

（三）学习支持服务系统的结构

远程教育是一种师生时空分离并依靠媒体技术对教与学的过程再度进行整合的教育形式。由于远程学习者主要以自主学习为主，师生间交互的缺乏和非连续性为远程学习带来很多困难，因此为远程学习者提供学习支持尤为必要。世界各国在具体实现远程教育支持服务时，在内容、形式、深度、研究方向上存在许多不同之处，但根据对学习支持服务系统构成要素的分析，远程教育中学习支持服务体系的系统结构一般有四个构成要素，它们分别是学习者、教师、服务资源和通信媒体，四者之间有着紧密的联系。

在支持服务系统里，教师是支持服务的提供者，学习者是支持服务的接收与获得者。教师根据学习者的需求和特点，一方面通过通信媒体与学生进行内容丰富的双向对话交流，向学习者提供针对服务资源的各类支持服务；另一方面积极建设丰富的以通信媒体为载体的各类服务资源，通过学生对资源的学习提供支持服务。

学习支持服务系统具有开放性、丰富性、选择性、灵活性、远程性等特征，其总的目标是：为学生提供有效的学习引导机制，形成完善的学习服务体系，提供准确、及时、有效的信息服务，提供个性化的职业生涯和职业发展服务等。

学习支持服务系统的运行应坚持以学生为主体，努力为学生自主学习和个别化学习提供完善的管理、咨询、辅导、答疑、沟通等服务，营造一种有助于学生自主学习的环境，不断加强远程教育学生支持服务的有效性。远程教育在为自主学习的学生构建丰富学习资源的同时还要建立一种具有高度平等和互助性的学习方式，形成一种更有活力的学习环境，增强远程教育中学生自主学习的平等性、互助性和理解性，消除自主学习的学生在社交方面的孤独感，这有助于改进学生之间的关系。

（四）构建学习支持服务系统的原则

在现代远程教育的学习支持服务系统的建设与运行中，为保证对远程教育学习的实际推动效果，要遵循以下几个基本原则。

1. 以学生为中心的原则

以学生为中心是远程教育的本质特征和核心思想，它是指整个学习支持服务系统的构建要充分考虑学生个体差异和全面发展的需要，整个系统要围绕学生的特点、学生的需求和学生的学习设计、组织和运行。这一原则是构建学习支持服务系统的最重要、最基本的原则。

2. 多元化原则

学习支持服务系统需要为学习者提供在学习过程中各个环节所需要的所有支持与帮助。在具体的实践操作过程中，服务项目、内容要逐步丰富并完善。支助服务的开展应该是多方位、多层次的。比如，在学习资源的服务上，既要提供相对简单的实用的资源，如传统文字教材、学习辅导等，又要提供较高级、精致的资源，如多媒体课件、电子教案等网上资源，最大限度地满足学习者的需求。

3. 综合性原则

学习支持服务系统的设计和构建在内容和形式上都要体现出综合的整体优化，通过要素的取舍、功能的区分、资源的配置、媒体的选择以及关系的协调等方面的统筹规划和综合考虑，使学习支持服务系统能充分发挥其整体功能，获得最大的效应。这就是学习支持服务系统构建的综合性原则。学习支持服务系统要为学生的远程学习提供全过程、全方位的服务，那么其内容要素体现出极高的综合程度，其要从分析服务需求、设定服务目标、选择服务策略、传送学习资源、评价服务效果等方面进行综合考虑。

4. 及时性原则

及时性原则一方面要求教师对学习者的服务要求做及时、快速的反应，以缩短交互影响距离；另一方面要求支持服务系统要根据学科的发展、社会的要求、科技的进步，及时更新学习资源，调整服务策略与方式，使学习者得到及时有效的帮助。

5. 适应性原则

学习支持服务系统的支持服务内容、服务项目的设置要切合远程学习者的实际需求，支持服务方式的选用要符合学习者的实际情况，尽可能保证没有一个学习者有接受的不便，或因为某些原因造成服务要求受到阻碍。这一原则要求充分考虑学习者的特征，如学习者的年龄、性别、职业、个性、学习经历、学习动机、经济状况等的差别对学习支持服务系统的不同要求，从而向学习者提供个性化的服务。

6. 因地制宜原则

由于各地经济、文化发展存在一定的差异，所以远程教育的发展具有不平衡性。因此，远程教育的学习支持服务系统的构建不能搞一刀切，既应符合现代远程教育的基本原则和要求，也应因地制宜，特别是经济文化发展相对滞后的西部地区，更应当从远程教育经济学的角度考虑，既要重视基于互联网的运行平台，也要注意运用有相当运行基础的数字卫星电视、音像等二代媒体。总之，我们不应当简单地以现代化手段和多媒体资源运用的多少来衡量学习支持服务体系构建的质量，而是要提倡在混合学习理念的指导下，因地制宜地去构建学习支持服务体系。

第五节　翻转课堂的特征、意义与实施

翻转课堂译自"Flipped Classroom"或"Inverted Classroom"，是指重新调整课堂内外的时间，将学习的决定权从教师转移给学生。它是相对于传统的课堂教学模式下，学生在课堂上听讲知识、课后完成作业的学习形态而言的。所以，翻转课堂属于全新的课堂教学模式。在这种模式下，学生课前先自学基于教学目标和内容制作的教学微视频，完成进阶作业，然后在课堂上，师生一起共同完成作业，解决疑难，创造探究的学习形式。很显然，翻转课堂的教学是一种先学后教的模式，是自主性、互动式、个性化的教学模式，有利于提升教学质量和学习质量。

一、翻转课堂的特征

翻转课堂的特征可以概括为以下几个方面。

（一）先学后教的教学模式

在翻转课堂模式下，学生需要在课前学习教师录制或者网上下载的教学微视频，对视频讲解做出笔记，完成进阶作业。回到课堂上后，学生则将没有学懂的知识点，完成作业时遇到的困惑拿出来，师生共同探究和解决。所以，它是一种典型的先学后教的教学模式。

与之前导学案或讲学稿主导下的先学后教的模式不同，翻转课堂主要以微视频作为主要课程资源载体，以网络为主要技术条件。这种先学后教有生动的视频讲解，有及时的反馈，也易保存检索。

（二）短小精悍的教学视频

在翻转课堂模式下，教师根据教学目标和教学内容，制作教学微视频，设计进阶作业。其中，教学视频以短小精悍为突出特点。大多数的视频都只有几分钟的时间，比较长的视频也只有十几分钟。每一个视频都针对一个特定的问题，有较强的针对性，查找起来也比较方便；视频的长度控制在学生注意力能比较集中的时间范围内，符合学生的身心发展特征；通过网络发布的视频，具有暂停、回放等多种功能，可以自我控制，有利于学生的自主学习。

（三）全新的师生角色

翻转课堂教学流程的翻转及信息技术与教育的深度融合都引发了师生角色的改变。教师变成了学习的设计者和推动者，学生成为学习过程的主体和中心。但这并不意味着教师作用的弱化，相反，教师是决定翻转课堂效果的关键因素，其作用更加重要。

（四）"满十进一"的进阶方式

为确保学生学习并学会微视频中讲解的知识点，在现代信息技术的支持下，翻转课堂的微视频制作可以让学生在学习一段微视频后，完成通关式的作业。只有在作业做对的情况下，学生才可以进入下一阶段的视频学习。如果作业没有做对，学生就需要根据相关提示，继续看原来的视频，或者在线请求帮助，直到掌握了这个知识点，完成了进阶作业，学生才可以进入下个知识点的学习。在完成了一个单元的知识点学习之后，学生需进行相应的单元测试，只有单元测试达到了掌握的程度，学生才可以进入下个单元的学习。

在这样的"满十进一"的进阶方式下，只要时间允许，再加上有效的针对性辅导，就能够确保学生掌握每个知识点，掌握每个知识单元，最终实现让班级内大多数学生达到熟练掌握的程度。

（五）积极学习的实现形式

实施翻转课堂的教师经常强调的一点就是让学生自己，而不是教师或者家长对其学习负责。学生只有清楚自己学习的目标，为实现目标进行各种努力和探索，并能够以恰当的形式证明自己达到了目标的要求，才是真正的积极学习和自主学习。在翻转课堂教学模式下，学生在教师设计的学习任务单的引导下，课前自己学习视频；课堂上单独或者以小组合作的形式，交流学习成果，参与问题讨论。教师不断巡视学生的学习情况，提出疑问，解答难题。班级内，每个学生都有事情做，虽然表面上看起来有点乱，学生不再那么安静，但是每个学生都在积极地认真学习。

（六）对信息技术依赖程度较强

学生在课外学习如果没有信息技术的支持，就难以得到教师的帮助，影响学习效果。无论是教学课件还是教学视频，都需要信息技术的支持才能方便有效地传递给学生。而对于学生课前学习效果的检测，更需要信息技术的支持。这就对教师提出了更高的要求，要不断学习信息知识，提高操作能力。

（七）复习检测方便快捷

在翻转课堂模式下，学生观看了教学视频之后，是否理解了学习的内容，视频后面紧跟着的4~5个小问题，可以帮助学生及时进行检测，并对自己的学习情况做出判断。如果发现几个问题回答得不好，学生可以回过头来再看一遍，仔细思考哪些方面出了问题。学生对问题的回答情况，能够及时地通过云平台进行汇总处理，帮助教师了解学生的学习状况。教学视频的另外一个优点，就是便于学生一段时间学习之后的复习和巩固。评价技术的跟进，使得学生学习的相关环节能够得到实证性的资料，有利于教师真正了解学生。

二、翻转课堂的意义

研究翻转课堂教学模式，有助于提高学生的信息素养，对学生自主构建知识的能力、问题解决的能力以及协作实践能力的培养有显著的促进作用，对实现高校向应用型人才培养转型具有极大的理论和实践意义。

（一）翻转课堂的理论意义

翻转课堂主要是教师把知识传授的过程放在教室外，让学生自己选择最适合的方式接受新知识；而把知识内化的过程放在教室内，以便学生之间、师生之间有更多的沟通和交流。它具有以下几个方面的理论意义。

1. 彻底改变了混合学习模式的教学现状

翻转课堂是一种全新的、深层次的混合学习模式，不只是传统课堂教学与在线学习在形式、手段、内容上的高度融合，更是不同教学理念、学习理念、教学模式的混合。翻转课堂彻底摆脱了传统"课堂知识传授+课下知识内化"的教学形式的束缚，而是将二者实施的顺序颠倒过来，采用在线学习的方式让学生根据个人具体学习情况，选择学习资源，自定步调，课前完成知识的传授，课堂上不再进行知识传授，而是进行课堂学习活动，在教师的引导下帮助学生完成知识内化。

2.突破了传统教学形式的困境

翻转课堂这一模式从某种意义上说，可以真正实现教师教学的主导性与学生学习的主体性的发挥，促进学生学习效果的提高及教师教学效率的提升，大大节省了学生知识掌握所需的时间。所以，翻转课堂突破了传统教学形式的困境，是一种非常有效的教学模式。

3.有利于促进学生综合能力的提升

翻转课堂教学模式以建构主义理论、掌握学习理论为理论支撑，满足了不同学生的学习需求，真正实现了翻转课堂的多元渠道的技术支持，可以实现课内外学习的有机结合，也为应用型学科的技能操作提供了学习范本。因此，翻转课堂教学模式对学生的能力提升和发展具有极大的理论意义和实用价值。

4.打破了知识领域一个长期存在的误区

在信息高速发展的今天，学生更愿意人机对话，自由地在不受束缚的环境中学习并研讨。这就打破了知识领域一个长期存在的误区，即课上进行知识讲解，课下进行问题解决与研讨才是正确的教学模式。采用翻转课堂的方式，课堂上更多的是消化和吸收知识的过程。建构主义学习理论提倡的学习方法是教师指导下的、以学生为中心的学习，翻转课堂教学模式恰好符合建构主义的学习方式。

（二）翻转课堂的实践意义

翻转课堂重构了教与学的过程，可以解决教学实践中出现的诸多问题。它能使教师从传统课堂中的知识传授者转变成学习的促进者和指导者，真正实现学生在教师指导下主动地、富有个性地学习，每个学生都能得到充分的发展。就我国来看，虽然这种模式在目前还不成熟，理论成果和实践经验都比较少，有很多细节问题需要解决，尤其是如何在宽松的学习环境中增强学生的自我约束力，如何提高教师的综合能力，以及如何转变教学评价方式等问题还需要更加深入的研究，但是不得不承认这一模式引起了广泛的关注，更是调动了大家的研究热情，对推动我国教育理念的变革有重要意义。

在实践应用层面，翻转课堂教学模式，可以体现以学生为中心的设计理念，满足多种不同形式的教学方法的整合，可以指导网络教学Moodle平台的设计和开发；符合大学生的学习应以自学为主，让学生在研讨式教学、课外学习中较好地发展教学理念。Moodle结构化的功能模块为翻转课堂的实施提供了技术支持，帮助教师监控学生的学习动态，实现了多元的教学渠道，确保了翻转课堂有效发生，有效弥补了高等院校现行教学模式中存在的弊端，实现了高校向应用型人才培养转型的教学改革目标。

信息化全方位地影响着人们的生活、学习和工作方式，利用先进的信息化手段进行教学已经成为教学改革的必然趋势。进行翻转课堂的尝试，将对高等教育产生深远影响。

三、翻转课堂的实施

在实施翻转课堂时，学校一般都应根据本学校的特色开创出符合本校特色的具体模式。不过，各校实施的翻转课堂教学模式虽然在某些方面有区别，但还是存在共同的地方，如翻转课堂实施的过程。

（一）课前准备阶段

1. 教师活动

（1）分析教学目标。教学目标就是通过教学活动期望达到的预期结果。在实施翻转课堂的最初，分析教学目标是首要任务。只有教学前确定清晰的教学目标，我们的教学才有针对性，才能明确我们要采用的具体的教学方法，即哪些内容需要探究式的教学方式，哪些内容需要直接的讲授等。此外，教学目标的分析不仅有利于教师明确什么内容适合通过视频的方式直接讲授给学生，哪些内容适合课堂上通过师生的合作探究获得最佳的教学效果，还能够有效避免教学中的盲目性和无目的性。

（2）制作教学视频。在翻转课堂中，知识的传递主要是通过视频来完成的。所以，制作教学视频是实施翻转课堂的重要部分。教师制作教学视频可按照以下步骤进行：首先，做好课程安排。明确课堂教学的目标，决定视频是不是合适的教学工具来完成课堂的教育目标。如果教学内容不适合通过教学视频直接讲授的方式，那么不要仅仅因为是要实施翻转课堂而去使用视频。翻转课堂并不仅仅是为课堂制作教学视频。其次，做好视频录制。在录制教学视频过程中应考虑学生的想法，以适应不同学生的学习方法和习惯。美国大部分实施翻转课堂的学校在录制教学视频时并不呈现教师的整个形象，而是呈现一双手和一个交互式白板，在白板上有教师所讲授内容的概要。录制教学视频必须要选择一个安静的地方，这样制作出来的视频才能保证学生在观看时不受视频中噪声的干扰。再次，做好视频编辑。录制好视频后，最好进行后期编辑，这样能改正视频制作中的错误，避免重新再次制作视频。最后，做好视频发布。发布视频是为了让学生能够观看到教师制作出来的视频。在此阶段对于教师最大的问题是把视频放在什么地方以使学生都能够观看到。不同的学校会根据本地区、本学校和本校学生的具体情况来确定视频发布的地方，也可以制作DVD让学生在没有网络的情况下观看学习。

2. 学生活动

（1）观看教学视频。教师通过对教学内容的分析，把适合直接讲授的内容部分用教学视频的形式教给学生，在一定程度上避免了课堂时间的浪费。学习速度快的学生可以快速地进行知识的学习。对于学习进度慢的学生，他们不用担心传统课堂上跟不上教师节奏的问题，可以根据自己的实际学习情况对教师讲授的内容做适时的停顿。在观看教学视频的过程中，学生遇到不懂的地方可以做笔记，把自己不懂的问题带到课堂上，这样学生可以完全掌控自己学习的步调。在此过程中，学生需要对所观看的教学视频里所讲授的知识做一定程度上的梳理和总结，明确自己的收获和疑惑的地方。

（2）做适量练习。学生观看完教学视频后需要完成教师布置的针对性课堂练习。这些练习是教师针对教学视频中所讲的知识，为了加强学生对学习内容的巩固并发现学生的疑难之处所设置的。根据"最近发展区理论"，教师需要对课前练习的数量和难易程度做合理设计，明确让学生做练习的目的是帮助学生利用旧知识完成向新知识的过渡，加深对教学视频中知识的巩固与深化。学校可以通过网络交流平台与学生进行互动，了解学生在观看教学视频和做练习过程中遇到的问题。教师可以通过学生所做的练习的反馈情况时刻了解学生的实际学习情况。与此同时，同学之间也可以进行互动，彼此交流收获，进行互动解答。

（二）课中教学活动阶段

1. 确定问题，交流解疑

学生在观看教学视频的过程中，由于本身的知识结构、看问题的角度不一样，因此对事物的理解也会不同，这样学生之间会产生一种认知的不平衡，而学生之间认知的不平衡会导致学生新的认知结构的产生。在开始阶段的交流中，教师需要针对学生所观看视频的情况和通过网络交流平台所反映出的问题进行解疑。学生也可以提出自己在观看教学视频中存在的疑惑点，与教师和同学共同探讨，这样学生本身就是一种交往的学习资源。

2. 独立探索，完成作业

独立学习能力是学生必备的能力之一。一个没有独立学习能力的人，必然无法在社会中生存。翻转课堂为学生提供了个性化的学习环境，学生在课堂中独立完成教师布置的作业，独立进行科学实验。在学生独立完成作业的过程中，学生审视自己理解知识的角度，建构知识的结构，完成知识的进一步学习。教师要在刚开始时给予学生一定的指导，帮助学生完成任务。待学生有一定的独立解决问题能力的时候，教师要"放手"，逐渐让学生在独立学习中构建自己的知识体系。

3. 合作交流，深度内化

学生在独立探索学习阶段，已建立了自己的知识体系。但是要完成知识的深度内化，需要在交流合作中完成。交往学习是学生在与他人的对话、交流、讨论等学习活动中所开展的学习，学生在此过程中实现自身的发展。在翻转课堂里，学生往往被分成小组，一般3~4人为一组，学生与学生之间通过独立探索阶段的学习，与同伴交流自己对知识的理解。

教师不是站在讲台上，俯视着课堂里所发生的一切，而是走下讲台，走进学生的探讨中，真正地融入学生的小组合作活动中。当学生在讨论中遇到问题时，教师可以给予及时的帮助，引导学生发现对知识的错误认知。在此过程中学生的批判性思维、课堂参与能力和对待学习的态度会发生很大的改变，真正把学生推到学习的主体地位。当学习本身成为学生自身需要的时候，学生就会成为真正的学习的主人，变"要我学"为"我要学"。教师也从说教、传授的角色转变为学生学习的引导者和促进者。在合作学习越来越受到教育界的关注下，现今学校很多课堂教学采用合作学习、小组学习等方式。

（三）成果展示与分享交流阶段

学生在课堂合作交流与讨论结束时，可以通过报告会、展示会、辩论赛或者小型的比赛等形式交流学习心得、体会。

在成果展示过程中，学生或小组可以通过教师与学生的点评获得更深入的了解。同时可以通过观看其他学生或小组的展示，学习到他人的优点，明确自己的优势与不足。学生在此过程中不断领略学习给他们带来的乐趣，更以一种积极乐观的心态面对以后的学习，增强自身的自信心。这也是一个交流的平台，学生在交流中彼此的智慧火花得以碰撞。教师在分享交流环节可以通过学生或者小组的汇报，明确学生知识的掌握水平，有针对性地进行后期的"补救"工作。当然在学生展示的环节，教师所做的是为学生创设一个民主、平等、和谐、自由的课堂环境，适时调控学生学习的进程和发展方向。

在翻转课堂教学模式实施的成果展示环节，教师不仅鼓励学生在课堂上进行展示，学生也可以在课下通过制作微视频的方式把自己的汇报上传至网络交流区，供教师和同学讨论和交流。翻转课堂教学的成败并不在于视频的制作，而在于课堂学习活动的设计。如何改变传统的教师主宰课堂的局面，让学生真正成为学习的主人，是翻转课堂教学模式给我们的课堂教学带来的关键点。

参考文献

[1] 樊旭，梁品超. 高等教育信息化建设与人才培养模式研究 [M]. 长春：吉林人民出版社，2019.

[2] 李继东. 现代教育技术教程与实训 [M]. 昆明：云南大学出版社，2020.

[3] 李平杰. 计算机在教育中的应用 [M]. 武汉：武汉大学出版社，2003.

[4] 梁丽肖. 教育信息化背景下高校管理机制探究 [M]. 长春：吉林人民出版社，2021.

[5] 梁松柏. 计算机技术与网络教育 [M]. 南昌：江西科学技术出版社，2018.

[6] 刘音，王志海. 计算机应用基础 [M]. 北京：北京邮电大学出版社，2020.

[7] 马静. 教育信息化背景下教师提升研究 [M]. 长春：吉林人民出版社，2021.

[8] 马启龙. 信息化教育学原理 [M]. 兰州：甘肃人民出版社，2017.

[9] 穆红霞. 学前教育信息技术应用 [M]. 北京：北京理工大学出版社，2020.

[10] 乔立恭，高武. 信息化教育基础自构建学习理论 [M]. 银川：阳光出版社，2017.

[11] 邱红艳，孙宝刚. 现代教育技术 [M]. 重庆：重庆大学出版社，2020.

[12] 申晓改. 计算思维与计算机基础教学研究 [M]. 成都：电子科技大学出版社，2018.

[13] 孙锋申，丁元刚，曾际. 人工智能与计算机教学研究 [M]. 长春：吉林人民出版社，2020.

[14] 王继新，左明章，郑旭东. 信息化教育理念、环境、资源与应用 [M]. 武汉：华中师范大学出版社，2014.

[15] 席宁. 计算机教育移动网络课堂发展探究 [M]. 成都：电子科技大学出版社，2019.

[16] 杨竞华. 项目教学法在计算机教学中的应用 [M]. 长春：吉林人民出版社，2021.

[17] 尹新，杨平展. 融合与创新 高校教育信息化探索与实践 [M]. 长沙：湖南科学技术出版社，2018.

[18] 喻勇. 微课、慕课在医学计算机基础课程中的应用 [M]. 成都：电子科技大学出版社，2016.

[19] 张贞云. 教育信息化 [M]. 青岛：中国海洋大学出版社，2018.

[20] 赵国东，韩冰，刘秀彬. 现代教育信息技术项目化教程 [M]. 北京：北京理工大学出版社，2021.